Heinz & Ann Zindel
P.S. Ich lebe gern!

Unseren Kindern
und Schwiegerkindern,
unseren Enkelinnen und Enkeln
gewidmet.

Ihr seid mit uns durch Freude und Leid gegangen
und habt dazu beigetragen, dass wir Lernende blieben
und gerne leben.

Heinz & Ann Zindel

P.S. Ich lebe gern!

Wie das Leben gelingen und Hoffnung gelernt werden kann

BRUNNEN
VERLAG BASEL · GIESSEN

Bibliografische Information der Deutschen Nationalbibliothek
Die Deutsche Nationalbibliothek verzeichnet diese Publikation in der Deutschen Nationalbibliografie; detaillierte bibliografische Daten sind im Internet über www.dnb.de abrufbar.

Umschlag: Spoon Design, Olaf Johannson, Langgöns
Bild Umschlag: Cosma/Shutterstock.com
3 Bilder des Malers Max Hunziker:
Mit freundlicher Genehmigung von Frau Gertrud Hunziker-Fromm
Satz: Innoset AG, Justin Messmer, Basel
Druck: Bercker, Kevelaer
Printed in Germany

ISBN 978-3-7655-1505-7

Inhalt

Vorwort von Dominik Klenk

Was lebendig ist, verändert sich. Doch kaum eine Generation hat so viele Veränderungen verarbeiten müssen wie die Kinder des Zweiten Weltkrieges. Das Unfassbare musste ertragen, veränderte Grenzverläufe mussten neu eingeprägt, jüdische Nachbarn ausgeliefert oder beherbergt werden – je nachdem, auf welche Seite der Geschichte man geworfen wurde. Die Umbrüche dieser Jahre waren gewaltig, und ihre Folgen sind bis heute prägend und spürbar: mit einer Innen- und mit einer Außenseite.

Heinz Zindel ist ein Kind dieser Umbruchsjahre. Als Schweizer Junge stand er nicht im Zentrum der politischen Auseinandersetzungen. Aber er war nah genug dran. Nah genug, um ihre kulturprägenden Eigenheiten einzufangen. Nah genug, um die Generationsdynamik des schwindenden Patriarchats zu erspüren. Nah genug, um das Ringen verunsicherter Menschen um Heimat, Freundschaft und Richtung zu erleben.

Das alles wird erzählt. Heinz und Ann Zindel beziehen uns ein in die Blütenlese ihres Lebens. Sie verstricken uns in Geschichten, die ihnen kostbar geworden sind. Sie zeichnen ein Generationengeschehen nach, in dem sich unsere eigenen Geschichten widerspiegeln.

Was hier aufleuchtet: Geschichten zu erzählen, das ist mehr als Zeitvertreib und Unterhaltung. Geschichten sind mehr als Information und Wissen. Sie stehen an der Wiege unserer

Existenz, sie betten uns ein, und wir erahnen durch sie, wer wir sind, woran wir uns im Leben und Sterben halten können – und wohin es geht, wenn dieses Leben vorüber ist.

Die Frucht gelingender Erzählung ist die lebensdienliche Erfahrung eines Vorausgängers. Von lebenspraktischem Wissen gesättigte Geschichten finden Haftflächen in der eigenen Wahrnehmung. So entsteht eine Erzählgemeinschaft, und zwar eine Erzählgemeinschaft der Hoffnung.

Es sind die großen und tiefen Themen, an die sich das Ehepaar Zindel heranwagt: Herkunft und Zukunft – Ehe und Gemeinschaft – Aufbruch und Abbruch – Vergebung und Versöhnung – Loslassen und Überlassen.

Die besondere Stärke des Buches ist die reflektierte Praxis, die nicht mit der Analyse von Vorgängen abschließt, sondern stets den Himmel mit ins Bild zieht. Dieser Horizont bringt Licht und Sauerstoff in die Geschichten. Und er gibt dem Ganzen eine Richtung: himmelwärts. Das ist der atmosphärische Unterton, der in immer neuen Variationen angeschlagen oder auch nur angezupft wird. Himmelwärts – das ist die Sehnsuchtslinie, die der Schweizer Heinz Zindel ausspannt und die durch seine amerikanische Frau Ann mit eigenen Eindrücken verstärkt wird.

Rechts und links der Hoffnungslinie stehen dem Leser Wegbegleiter, Stichwortgeber und geistliche Verwandtschaft zur Seite: Matthias Claudius, Martin Buber, Dietrich Bonhoeffer, Therese von Avila, C.S. Lewis und viele andere. Mit den von ihnen bewahrten Blüten-Worten ist der Weg Richtung Himmel nicht mit guten Vorsätzen, sondern mit Hoffnung und Vorfreude gepflastert.

Dominik Klenk

P.S. Ich las es gerne!

Dr. Dominik Klenk ist Leiter der ökumenischen Kommunität Offensive Junger Christen (OJC) in Reichelsheim. Früher Handballprofi und Unternehmer. Er ist Herausgeber der Zeitschrift «Salzkorn». Sein Buch «Lieber Bruder in Rom. Ein evangelischer Brief an den Papst» (Knaur-Taschenbuch) wurde 2011 ein Bestseller.

Kontakt: www.dominik-klenk.de

Einleitung

Leben Sie auch gern? Vielleicht ist Ihnen diese Frage zu direkt und ungeschützt. Sie antworten deshalb zurückhaltend: «Die Freude am Leben ist bei mir stark von meiner Lebenssituation abhängig: von meiner momentanen Befindlichkeit, dem aktuellen Gesundheitszustand und noch von vielen anderen Faktoren. Übrigens, spielt nicht auch die persönliche Veranlagung eine entscheidende Rolle? Es gibt doch Menschen, die ihr Leben eher durch eine dunkle Brille betrachten. Andere sind von Natur aus heiter und optimistisch.»

Und nun fragen Sie zurück: «Weshalb leben denn *Sie* gern? Sind Sie ein ‹Glückspilz›, dessen Leben unter besonders günstigen Voraussetzungen stand?»

Eigentlich nicht. Aber ich sehnte mich schon als Kind nach erfülltem Leben. Etwas von dieser Sehnsucht schlummert wohl in uns allen. Für viele Menschen ist sie zwar kaum mehr spürbar, vielleicht sogar schon gestorben. Sie haben sich damit abgefunden und hoffen nur noch, in ihrem Leben einigermaßen über die Runden zu kommen.

Andere Leserinnen und Leser werden vom Buchtitel unmittelbar angesprochen, weil sie sich in ihrem Alltag immer wieder von der Freude am Leben anstecken lassen. Vielleicht war das nicht immer so. Aber sie haben einen Weg zurückgelegt und stellen im Nachhinein fest, dass sich in ihnen einiges verändert hat. Es ist ihnen aufgegangen: Leben heißt lernen.

Dieses Buch will auf solche Lernprozesse aufmerksam machen. Sie beginnen mit dem Tag unserer Geburt und dauern bis an unser Lebensende. Ich denke an Menschen in meinem persönlichen Umfeld, die mich seit früher Kindheit förderten und forderten. Das Vertrauen zu ihnen ließ mich innerlich stark werden und weckte meine Freude am Leben.

Das Beste aber verdanke ich dem, der wirklich etwas vom Leben versteht, weil er dessen Schöpfer ist. Schon im Alten Testament verheißt er seinem Volk: «Der Herr wird dich allezeit geleiten und deine Seele auch in dürren Gegenden sich sättigen lassen und deine Glieder kräftig machen, so dass du einem wohlbewässerten Garten gleichst und einem Wasserquell, dessen Fluten nicht versiegen» (Jesaja 58,11). Und Jesus Christus spricht mitten in unser Thema hinein, wenn er sagt: «Ich bin gekommen, um ihnen Leben zu bringen – Leben in ganzer Fülle» (Johannes 10,10).

Beim Schreiben dieses Buches kamen Lebenserinnerungen in mir hoch. Ich habe einige in den Text eingefügt. Zuerst aber beschäftigten mich viele Fragen: «Durch welche Menschen oder Erlebnisse wurde ich in der Entfaltung meiner Persönlichkeit gefördert? Haben mich Schwierigkeiten und Hindernisse in diesem Prozess beeinträchtigt, oder bin ich durch sie stärker geworden? Wodurch ist mein Vertrauen zu Gott geweckt worden? In welcher Weise habe ich mich verändert?»

Auf der Suche nach Antworten schaute ich auf meine Kindheit, auf zwei langjährige Partnerschaften mit eigenen Kindern und auf meinen Berufsalltag zurück. Ich sah Menschen vor mir, die Entscheidendes zu den Lernprozessen in meinem Leben beigetragen haben. Ihnen gegenüber empfinde ich große Dankbarkeit. Aber auch schmerzliche Erfahrungen kamen zum Vorschein. Begegnungen, die ich als verletzend empfand, oder Lebensabschnitte, die ich bis heute nicht verstehen kann. Im Nachhinein sehe ich, dass sich auch einige dieser schwierigen Zeiten letztlich als hilfreich erwiesen haben.

Vielleicht sagen Sie jetzt: «Das kommt mir irgendwie bekannt vor. Auch *mein* Leben verlief bis heute nicht gradlinig, ungestört und harmonisch. Ich erlebte sehr viel Widersprüchliches: Oft bemühte ich mich ernsthaft darum, eine Beziehung zu pflegen oder eine Aufgabe zu erfüllen, und es schaute nicht viel dabei heraus. Ganz anders war es damals, als ich mir im Umgang mit dem tiefen Leid eines Freundes völlig hilflos vorkam. Ich konnte meine Anteilnahme nur durch schweigendes Dabeisein ausdrücken. Da kam unerwartet Hoffnung in mir auf, und unsere Beziehung gewann an Tiefe und Verbindlichkeit.»

Solche Erfahrungen, die uns widersprüchlich vorkommen, machen wir alle im Laufe unseres Lebens. Auch in biblischen Texten werden wichtige Grundwahrheiten nicht selten durch Antinomien ausgedrückt. Das sind Aussagen, die sich scheinbar widersprechen. Erst in der Zusammenschau erkennen wir ihren vollen Sinn. So schreibt Paulus an die Philipper (2,12 und 13): «Seid darauf bedacht … eure Rettung mit Furcht und Zittern zu schaffen; denn Gott ist es, der beides, das Wollen *und* das Vollbringen, in euch wirkt.»

Die Aufforderung, sich im Leben voll einzusetzen, als wenn alles von uns abhängen würde, gleichzeitig aber getrost darauf zu vertrauen, dass Gott es auch ohne unser Dazutun schafft, erscheint uns widersprüchlich. Sie erzeugt eine Spannung in uns. Wenn wir es lernen, mit solchen Widersprüchen umzugehen, wird unser Leben an Tiefe gewinnen. Diese Thematik wird uns in den folgenden Kapiteln immer wieder begegnen.

Ich schreibe dieses Buch nicht allein. Meine Frau Ann hat das Manuskript gelesen und mir auf meine Bitte hin Rückmeldungen gegeben. Sie nahm dann den Vorschlag des Verlages auf, ihre Gedanken in den Text einzubringen. Deshalb haben meine Frau Ann und ich uns entschlossen, das Buch gemeinsam herauszugeben.

«Weshalb leben denn *Sie* gern?», haben Sie mich gefragt. Das Buch hat seinen Zweck erfüllt, wenn es uns gelingt, diese Frage wenigstens ansatzweise zu beantworten – und gleichzeitig da und dort Freude am Leben zu wecken.

1
Auf die Wurzeln kommt es an

Es ist beklemmend still in unserer Küche, als ich eintrete. Ich spüre, dass etwas in der Luft liegt. Und schon steigt die Angst, die mich seit Monaten begleitet hat, wieder in mir hoch. Ich weiß, woher sie kommt: Mit Vater und Mutter ist es nicht mehr wie früher. Als Zehnjähriger spüre ich dies, auch wenn für mich die Hintergründe verschlossen sind. Nicht, dass die Eltern sich in letzter Zeit gestritten hätten. Bei uns zu Hause hat es, so weit ich mich zurückzuerinnern vermag, nie Auseinandersetzungen gegeben. Konflikte werden in der Regel nicht ausgetragen. Auch über unsere Gefühle reden wir nicht. Es ist mir jedoch wohl im Kreis der Familie. Und mit meinem Bruder verstehe ich mich gut.

Aber so gespannt wie heute ist die Atmosphäre noch nie gewesen. Wir stehen alle etwas verloren in der Küche herum. Die Stille wird fast unerträglich. Ich spüre, dass jetzt irgendetwas gesagt werden muss. Mein Vater nestelt an einem Zigarettenpäckchen herum. Dann steckt er es wieder ein. Wenn nur die Mutter das Wort ergreifen würde. Sie ist es doch, die jeweils den Anfang macht. Ich schaue in Vaters vertrautes Gesicht, von dem sonst eigentlich Ruhe ausgeht. Heute ist es gespannt und kommt mir fremd vor. Jetzt sieht er uns an. Es scheint, als ob er ein Gespräch, das er vor meinem Kommen mit der Mutter begonnen hat, weiterführen möchte: «Dann zieht ihr eben aus. Bei den Großeltern am Zürichsee hat es Platz genug für euch drei. Ihr könnt ihnen im Garten helfen. Ich bleibe hier.»

Nun ist es ausgesprochen! Ich erschrecke. Meine Ängste haben sich bestätigt. Werden wir jetzt keine richtige Familie mehr sein? Wie unsere Nachbarn, deren Vater weggegangen ist?

Die von mir befürchtete Trennung unserer Eltern blieb aus. Aber für mich waren die nächsten Jahre durch diesen Vorfall überschattet.

«Werden wir jetzt keine richtige Familie mehr sein?», das war die Frage, die mich damals umtrieb. Was ist denn eine «richtige» Familie? Eine harmonische Gemeinschaft, in der Kinder sorglos aufwachsen können und alle mit Freude im Leben stehen? Seit Jahrzehnten bin ich auf der Suche nach einer solchen Familie. Nicht in Lehrbüchern, sondern in der gelebten Wirklichkeit. Ich habe sie bis heute nicht gefunden. Wie der Konflikt meiner Eltern in unser Leben hinein wirkte, so hat jede Familie in ihrem Kern oder in der nahen Verwandtschaft kleinere oder große zwischenmenschliche Nöte zu ertragen.

Max Hunziker (1901–1976) nimmt in seinen drei Bildern, die Sie auf den Umschlagklappen des Buches finden, dieses Thema auf. Auch er hat Schatten über seiner Familie erlebt. Als ich den Künstler vor etwa vierzig Jahren in seinem Atelier besuchte, fragte ich ihn, weshalb in seinen Bildern das Motiv «Das Kind auf den Schultern seines Vaters» immer wieder vorkomme. Er antwortete mit der Schilderung eines Erlebnisses aus seiner Kindheit:

Sein Vater führte in Zürich ein Milch- und Käsegeschäft. Eines Tages bewegte sich ein Umzug mit Musikkapellen an ihrem Haus vorbei. Weil der kleine Max, jüngstes von zwölf Kindern, mit Fieber im Bett lag, war es ihm nicht möglich, vom Balkon aus dieses einmalige Schauspiel mitzuerleben. Da geschah etwas für ihn völlig Unerwartetes: Sein Vater trat ins Zimmer. Er hüllte sein Kind sorgfältig in warme Wolldecken ein, nahm es auf die Arme und trat mit ihm auf den Balkon hinaus. Getragen von dessen starken Händen konnte Max nun den ganzen Umzug miterleben. So nahe war er seinem wortkargen Vater noch nie gewesen.

Kommt in Max Hunzikers Bildern wohl die Sehnsucht nach einer solchen «richtigen» Familie zum Ausdruck?

Das erste Bild zeigt ein kleines Kind auf dem Schoß seiner Mutter. Hier erfährt es Zuwendung, Geborgenheit und Stillung seiner emotionalen Bedürfnisse. Es ist in ihren Armen aufgehoben und wird reich beschenkt. Das ist der Nährboden, aus dem es Vertrauen gewinnt und Kräfte schöpft. Es wird dieses Erbe zu seiner Zeit an eigene Kinder und Menschen in seiner Umgebung weitergeben. Hunziker deutet an, dass auch die Mutter etwas empfängt. Das Vertrauen des Kindes zu ihr ist als zartes Licht dargestellt, das sich im Gesicht der Frau widerspiegelt.

Auf dem zweiten Bild sehen wir ein Mädchen auf den kräftigen Schultern seines Vaters. Es spürt seine Zuneigung, empfindet aber auch etwas von seiner Stärke, seinem Durchsetzungsvermögen und seinem Stolz auf alles, was er bisher erreicht hat. Das Kind wird seinem Vater nacheifern, der ihm als Vorbild Kräfte vermittelt, mit denen es als künftige Frau, Ehepartnerin und Mitmensch das Leben meistern und gestalten wird.

Das dritte Bild zeigt einen anderen Aspekt des lebenslangen Entfaltungsprozesses. Es stellt nicht dar, was wir als Menschen erarbeiten und vollenden oder emotional empfangen, sondern weist darauf hin, dass *ein anderer* uns trägt und in uns Veränderungen bewirkt. Ein Gedicht von Matthias Claudius passt gut zu dieser Darstellung:

> «Der Mensch lebt und bestehet nur eine kurze Zeit
> und alle Welt vergehet mit ihrer Herrlichkeit.
> Es ist nur einer ewig und an allen Enden
> und wir in seinen Händen.»[1]

Auf diesen Bildern ist etwas nicht zu erkennen: Die Mutter, die ihr Kind liebevoll an ihr Herz drückt, und der starke

Vater, der es auf den Schultern trägt, haben die unterschiedlichsten Erfahrungen mit ihren eigenen Eltern gemacht. Sie werden im Umgang mit ihren Kindern, in der Partnerschaft, in der Zusammenarbeit mit Kollegen oder im Alltag einer Gemeinschaft nicht nur ihren Stärken, sondern auch ihren Defiziten begegnen. So stellt sich nicht nur ihren Kindern, sondern auch ihnen als Eltern die Aufgabe, immer weiter zu lernen. Aber über dem Leben aller steht, wie eine Verheißung:

«Ich wurde nicht gefragt bei meiner Geburt, und die mich gebar, wurde auch nicht gefragt bei ihrer Geburt. Niemand wurde gefragt, außer dem Einen, und er sagte Ja.»[2]

Vertrauen lernen

Vertrauen ist eine der wichtigsten Pflanzen auf dem Nährboden menschlicher Entfaltung. Es wächst sehr unauffällig. Auch wenn äußerlich wenig spürbar ist, geht es dabei um eine Zeit des Lernens. Das Kind ist zwar vorerst gar nicht aktiv. Es ruht im Vertrauen seiner Eltern. Der jüdische Philosoph Martin Buber spricht in diesem Zusammenhang vom «Panzerhemd des Vertrauens». Ein eindrückliches Bild: Der Panzer, gegen außen hart, schützt vor Gefahren. Das Hemd, nach innen weich und warm, schafft emotionale Sicherheit und Geborgenheit. Wenn das Kind eine solche Lehrzeit erleben darf, ist es für künftige Herausforderungen des Lebens optimal gerüstet.

Dieser bildhafte Ausdruck ist mehr als nur eine pädagogische Metapher. Er beschreibt die Voraussetzungen für eine Charaktereigenschaft, die im Neuen Testament mit dem Begriff Sanftmut bezeichnet wird. Jesus war sanft und mutig zugleich. «Nehmt mein Joch auf euch und lernt von mir! Denn ich bin sanftmütig und von Herzen demütig: so werdet ihr Ruhe finden für eure Seelen; denn mein Joch ist sanft und meine Last ist leicht» (Matthäus 11,29–30).

Etwas von dieser *Sanft*mut Jesu kam zum Ausdruck, als er am Palmsonntag nicht hoch zu Ross, sondern auf einer Eselin reitend in Jerusalem einzog. «Sagt der Tochter Zion: Siehe! Dein König kommt zu dir sanftmütig und auf einem Esel reitend» (Matthäus 21,4ff. und Sacharja 9,9). Unmittelbar danach kam bei der Tempelreinigung die andere Seite der Sanft*mut* zum Ausdruck. Er «trieb alle hinaus, die im Tempel kauften und verkauften, warf die Tische der Geldwechsler und die Sitze der Taubenverkäufer um und sagte zu ihnen: Es steht geschrieben: ‹Mein Haus soll ein Bethaus heißen.› Ihr macht es zu einer Räuberhöhle!» Nicht nur sanft, sondern auch mutig.

Die Sanftmut des Kindes wird im «Panzerhemd des Vertrauens» vorbereitet. Die Erfahrung der Wärme und Weichheit des «Hemdes» bewirkt Sanftheit, die Sicherheit des «Panzers» fördert den Mut. Das Kind bekommt die Chance, zu einem empfindsamen, einfühlsamen und solidarischen Menschen heranzuwachsen, der aber gleichzeitig auch vermag, Widerstand zu leisten, eigenständig zu sein und sich zu behaupten.

Das Vertrauen des Kindes zu den Eltern oder anderen Bezugspersonen festigt sich durch ihre tägliche Anwesenheit. Dabei geht es nicht einfach um ihr besonderes Wissen oder Können, sondern vor allem um ihr aufmerksames und authentisches Da-Sein. Gottfried Keller beschreibt, wie die alleinerziehende Regula Amrain mit ihrem jüngsten Sohn umging: «Wie sie dies eigentlich anfing und bewirkte, wäre schwer zu sagen, denn sie erzog eigentlich so wenig als möglich, und das Werk bestand fast lediglich darin, dass das junge Bäumchen, so vom gleichen Holze mit ihr war, eben in ihrer Nähe wuchs und sich nach ihr richtete.»[3]

Im Umgang mit dem Kind ist nicht tadellose Vorbildlichkeit der Eltern gefragt, sondern ein ehrliches Miteinander, das auch Einblick in ihr Versagen einschließt. Kinder sollen nicht nur erleben, dass ihre Eltern mit dem Leben zurechtkommen und Erfolg haben, sondern auch erfahren, dass sie es da und dort nicht schaffen oder sogar scheitern. Dies drückt das Gedicht eines mir unbekannten jungen Menschen aus:

«Vater ich mag dich
wenn du nicht so selbstsicher bist
wenn du zögerst
wenn du durcheinander bist
und nicht mehr alles im Griff hast
wenn dich schwierigkeiten und fragen bewegen
dann fühle ich mich dir näher

bitte denke nicht
dass wenn du schwach bist
du mir als schwach erscheinst
ich merke ja
wie viel stärke dazugehört
seine schwäche zu zeigen

danke dass du nicht die rolle des starken spielst
dass du nichts vortäuschst
danke für deine echtheit
die uns zueinanderfinden lässt.»

Das Gedicht stimmt mich nachdenklich. Wie oft habe ich als Vater den Starken herausgekehrt, statt zu meiner Schwäche zu stehen. «Männer müssen stark sein! Wer auf Gott vertraut, hat keine Angst!» Ich erinnere mich an solche Stimmen aus meiner Kindheit. Es kommt auch heute noch manchmal vor, dass ich es vermeide, Schwäche zu zeigen, Ratlosigkeit zuzugeben oder Trauer wirklich zuzulassen.

In der schwierigen Zeit einer lebensbedrohenden Krankheit meiner ersten Frau sagte einer meiner Söhne zu mir: «Papa, du hast uns als Vater durch deine Begeisterungsfähigkeit und die Freude, die du ausdrücken konntest, angespornt und animiert. Aber wir haben wenig Einblick in Trauer und Schwierigkeiten eures Alltags erhalten. Wir kannten euch als die Starken. Nun bin ich dankbar, euch einmal schwach zu erleben.»

Diese Aussage beschäftigte mich sehr. Sie führte dazu, dass ich begann, mich mit den Vorbildern meiner Jugendzeit vertiefter auseinanderzusetzen. Dabei erfüllte mich zuerst einmal große Dankbarkeit vielen Menschen der älteren Generation gegenüber. Sie haben mein Leben reich gemacht. Durch die Art und Weise, wie sie im Leben standen, wurde ich ermutigt, eigene Entscheidungen zu fällen. Ihr Vorbild hat mir geholfen, in gewissen Lebenssituationen Weichen richtig zu stellen. Andere prägten mich sehr stark, engten mir aber den Freiraum für eine eigenständige Entwicklung ein. Von einigen musste ich mich mit Schmerzen trennen, weil ihre Förderung mit starren Forderungen und übermäßigen Erwartungen verbunden war.

Die innere Auseinandersetzung mit meiner Vergangenheit löste in mir einen emotionalen Lernprozess aus. Das wurde mir bewusst, als mir ein anderer Sohn einige Zeit nach dem Tod meiner Frau schrieb: «Seit ich um deine Zerbrechlichkeit weiß, bin ich dir noch näher gekommen, und ich erkenne meine eigenen Grenzen in deiner Art.»

Selbst wenn im Leben eines Menschen kein Vater da war, der ihn auf seine Schultern setzte, und keine Mutter, die ihn in die Arme schloss, und selbst wenn er nicht im Panzerhemd des Vertrauens heranwachsen konnte, behält der Eine, der zu ihm Ja sagte, den Überblick über sein Leben und vermag Veränderungen einzuleiten.

Ein englischer Theologe, der in einem etwas heruntergekommenen Stadtteil Londons Gemeindepfarrer war, schilderte mir vor Jahren eine sehr eindrückliche Begegnung mit einem Jugendlichen, der eines Abends in sein Studierzimmer stürmte.

Der junge Mann hatte, ziellos und innerlich aufgewühlt durch die Gassen der Stadt streifend, neben dem Eingang eines Hauses die Hinweistafel «Kirche und Pfarramt» entdeckt. Obwohl er völlig ohne Bezug zum Glauben aufgewachsen war, sah er im Gespräch mit einem Geistlichen so etwas wie eine letzte Chance. Und nun stand er in dessen Studierzimmer. Es stellte sich heraus, dass er seinen Vater nie gekannt hatte. Seine tiefe Sehnsucht nach diesem unbekannten Mann zeigte sich darin, dass er seit langer Zeit jede Nacht im Traum erfolglos unterwegs auf der Suche nach seinem Vater war. «Ich halte diese Spannung nicht mehr aus. Bitte helfen Sie mir, sonst verliere ich noch den Verstand!»

Nachdem der Pfarrer Einblick in die trostlose Situation des jungen Mannes genommen hatte, begleitete er ihn ins Untergeschoss, wo die Jugendgruppe eben ihre wöchentliche Zusammenkunft hatte. Vielleicht könnte der arme Kerl dort etwas Ermutigung erfahren. In diesem Kreis von jungen Menschen bekam er zwar keine Antwort auf seine brennende Frage. Aber er fühlte sich wohl und beschloss, wieder zu kommen. Allerdings, so sympathisch ihm diese Kumpels waren, kamen sie ihm doch irgendwie eigenartig vor. Vor dem Abschluss ihrer Zusammenkünfte benahmen sie sich jeweils so komisch. Die einen schlossen die Augen, andere falteten die Hände, und alle schienen mit jemandem zu reden.

«Was soll das?», fragte er einen Jungen, der neben ihm saß.

«Wir beten.»

«Beten?»

Nun erklärten sie ihm, dass sie mit dem himmlischen Vater redeten.

Vater! Wie ein Blitz schlug dieses Wort bei ihm ein.

Einige Wochen später und nach vielen Gesprächen mit den neu gewonnenen Freunden hatte er einen inneren Weg zurückgelegt. Zum ersten Mal in seinem Leben wagte er es, in seinem einsamen Dachzimmer mit diesem «Vater im Himmel» zu reden. Kurze Zeit später stürmte er ein zweites Mal ins Studierzimmer des Pfarrers:

«Ich habe von meinem Vater geträumt!»

«Du kennst ihn ja gar nicht.»

«Aber ich weiß, dass er es war.»

«Was hast du denn geträumt?»

«Ich bin auf ihn zugegangen und habe zu ihm gesagt: ‹Vater, ich brauche dich nun nicht mehr zu suchen. Ich habe einen Vater gefunden.›»

Seit jener Nacht war der junge Mann nie mehr im Traum unterwegs auf der Suche nach seinem Vater.

Es fällt uns Eltern nicht immer leicht, den inneren Zugang zu unseren Kindern zu finden, denn auch wir haben unser «entwicklungspsychologisches Handgepäck» mit in die Ehe gebracht. Wenn zwei Menschen den Entschluss fassen, zu heiraten und Kinder zu haben, kennen sie ihre eigene Prägung meist nur vage oder überhaupt nicht. Oft fehlt ihnen auch der Einblick in die Entwicklung der Persönlichkeit ihrer Partner. Und die wenigsten wissen, dass die charakterlich so unterschiedlichen Eigenschaften, die frisch Verliebte ungemein anziehen, im künftigen Ehealltag zu den häufigsten Auseinandersetzungen führen. Erst viel später entdecken sie, dass diese Unterschiede auch ihre persönlichen Rollen im Ehe- und Erziehungsalltag mitbestimmen.

«Ohne Wurzeln keine Flügel»

Der Buchtitel *Ohne Wurzeln keine Flügel*[4] weist darauf hin, dass jedes Kind auf das Eingebettetsein in eine tragfähige Gemeinschaft angewiesen ist. In den Armen seiner Mutter, auf den Schultern seines Vaters und im Zusammenleben mit seinen Geschwistern kann es Wurzeln schlagen, die dann innere und äußere Kräfte freisetzen. Für viele Kinder, die außerhalb ihrer Familie aufwachsen müssen, ist dieser «sichere Ort» (ein Ausdruck aus der Trauma-Pädagogik) vielleicht eine Pflegefamilie oder eine pädagogische Institution. In einer verbindlichen Gemeinschaft soll das Kind tragfähige Flügel entwickeln können, um eines Tages «flügge» zu werden. Alle Eltern wünschen sich, dass ihr Kind einmal mit guten Gefühlen auf sein bisheriges Leben zurückblicken kann und es ihm gelingt, seinen eigenen Weg selbständig zu gehen.

Seine Wurzeln kennen zu lernen und sich mit ihnen auseinanderzusetzen ist oft erst im Laufe der Adoleszenz möglich. Die zeitliche und räumliche Distanz muss aber kein Hindernis sein. Ein chinesisches Sprichwort sagt: «Klar sieht, wer von ferne sieht, nebelhaft, wer Anteil nimmt.»

Ich kann mich nicht erinnern, mit meinem schweigsamen, warmherzigen Vater je ein längeres oder tiefes Gespräch geführt zu haben. Trotzdem entwickelte sich ein tragfähiges Vertrauensverhältnis zu ihm. Die Art und Weise, wie er nach der erwähnten Ehekrise sein Leben neu ausrichtete, beeindruckte mich. Es konnte vorkommen, dass ich früh um fünf erwachte und den Vater im Badezimmer singen hörte. Wenn ich dann nach dem Aufstehen in die Küche kam, sah ich neben dem Frühstücksgeschirr seine aufgeschlagene Bibel liegen. Er hatte frühmorgens seinen Tag mit Gott begonnen. Wenig später stand er in der geschlossenen Führerkabine der Straßenbahn. Oft sang er dann mit seiner kräftigen Stimme weiter. Nun wussten die regelmäßigen frühen Fahrgäste, dass sie mit Wagenführer Zindel unterwegs waren.

Der Tod meines Vaters mit sechzig Jahren kam für uns alle zu früh. Sein Sterben war ein Abbild seines Lebens. Trotz unsäglicher Schmerzen lebte er in seinen letzten Wochen getrost und zufrieden. Er war mit Gott und seinen Mitmenschen versöhnt. Es ging eine Geborgenheit von ihm aus, die uns alle ermutigte. Erst nach seinem Tod wurde mir so recht bewusst, was mein Vater für mich bedeutet hatte. Ich bin stolz auf ihn und vermisse ihn bis heute.

Meine Mutter war eine eher zurückhaltende, aber führungsstarke Frau. Wahrscheinlich hätte sie oft das Bedürfnis gehabt, sich anzulehnen, ausführliche Gespräche mit ihrem Mann zu führen, Entscheidungen gemeinsam zu fällen oder in der Erziehung ihrer beiden Jungen die pädagogische Führung ihm zu überlassen. Aber die unterschiedlichen Persönlichkeiten ließen keine andere Rollenverteilung zu.

So kam es, dass meine Mutter Führungsverantwortung übernehmen musste, während mein Vater sozusagen in ihrem Schatten stand. Sie war es vor allem, die mich förderte und für die Entfaltung meiner ungestümen Kräfte Visionen entwickelte.

Sie sorgte aber auch dafür, dass mein Bruder und ich Aufgaben im Haus übernahmen. Da war zum Beispiel der monatliche Einsatz in der altmodischen Waschküche, für meine oft kränkliche Mutter jedes Mal eine Herausforderung. Mein Bruder und ich hatten dafür zu sorgen, dass das Feuer unter dem Kessel nie ausging. Das Holz dazu hatten wir mit dem Vater im Wald gesammelt.

Ich sehe meine Mutter heute noch vor mir, wie sie im dichten Dampf die schwere Trommel aus dem Kessel hebelte, die nasse Wäsche in die Schwinge warf und dann mit unserer Hilfe den Wäschekorb vom Kellergeschoss zum Trockenplatz ins Freie trug. Während wir auf unseren nächsten Einsatz warteten, saßen wir auf dem Waschtisch und strickten. Dies hatte uns Mutter schon früh beigebracht. An Topflappen mangelte es in unserem Haushalt nie.

Für diese aufmerksame Förderung bin ich meiner Mutter von Herzen dankbar. Viel zu spät merkte ich, dass sie ihre Führungsrolle – wahrscheinlich unbewusst, aber nachhaltig – beibehielt. So musste ich mich, bereits erwachsen, in einem schmerzhaften Prozess von ihr lösen.

Weshalb waren die Rollen in der Ehe meiner Eltern so einseitig verteilt? Übernahm meine Mutter die Führung, weil mein Vater sich so zurückhaltend gab? Hatte ihm die selbstsichere und zupackende junge Frau damals Eindruck gemacht, weil er sich mit Entscheidungen eher schwertat?

Andererseits hatte er es doch als junger Mann gewagt, als einer der Ersten in Graubünden ein schweres Motorrad zu kaufen, obwohl es damals in unserem Kanton noch verboten war, mit Motorfahrzeugen die Straßen zu befahren. So musste er, wenn er seine Verlobte im Unterland besuchen wollte, sein Gefährt jeweils von Maienfeld aus mehr als einen Kilometer weit zur Kantonsgrenze auf die Rheinbrücke schieben, bevor er den Motor ankicken durfte.

Auch der spätere Entscheid, die Metzgerei zu verkaufen und nach Zürich zu ziehen, ging von ihm aus. Meine Mutter wäre gerne Geschäftsfrau geblieben. Offensichtlich konnte auch er gelegentlich seine Ansprüche anmelden und sich durchsetzen.

Meistens aber gingen die Entscheidungen von unserer Mutter aus. Eine davon ist als besonderes Ereignis überliefert: Nachdem sich mein Vater Niklaus und meine Mutter Maria bei einem Fasnachtsball kennen gelernt hatten, war für beide bald klar, dass sie sich heiraten würden. Sie waren von ihrer Liebe überzeugt und bildeten mit Marias bester Freundin ein lebenslustiges Freizeit-Trio. Die Hochzeitsreise, die zwei Tage dauerte, führte an den Bodensee. Und weil die Freundinnen so unzertrennlich waren und meine Mutter es so wollte, gingen sie zu dritt auf die Reise!

Die Verschiedenartigkeit meiner Eltern war in unserem Familienalltag offensichtlich. Sie wurde nicht hinterfragt, sondern gelebt und erlitten. Es wurde überhaupt wenig geredet. Sich im Gespräch emotional zu öffnen war kein Thema. Dies musste ich dann in den kommenden Jahrzehnten Schritt für Schritt lernen und üben.

Trotz allem fühlte ich mich zu Hause wohl. Ich erinnere mich an gemütliche Stunden in unserer Küche, wo mein Bruder und ich jeweils den Abwasch zu besorgen hatten. Mutter verstand es, diese nicht sehr beliebte Arbeit abwechslungsreich zu gestalten. Aus der notwendigen Pflicht wurde oft ein interfamiliäres Chorkonzert. Volkslieder klangen durch das offene Küchenfenster in die Nachbarschaft hinaus. Wir beiden Jungen sangen die Melodie, Mutter fiel mit ihrer schönen Altstimme ein, und wenn Vater Feierabend hatte, setzte er sich zu uns und ergänzte mit seinem Bass unseren gemischten Chor. So kamen wir mit der Arbeit zügig voran, während unsere Mutter die Herdplatten reinigte. Ein nicht wegzudenkendes Ritual, weil sie regelmäßig die Milch überkochen ließ.

Auch wenn die Persönlichkeiten meiner Eltern ganz unterschiedlich waren, gab es Anliegen, hinter denen sie mit ganzem Herzen gemeinsam standen. Ihre Unterstützung der weltweiten Mission im Gebet und mit ihren beschränkten finanziellen Mitteln war eindrücklich.

In besonderer Erinnerung bleibt mir ihr Einsatz für die verfolgten Juden in einer Zeit, die zu einem traurigen Kapitel der Schweizer Geschichte während des Zweiten Weltkriegs gehört. Die in der Schweiz aufgenommenen Juden wurden in speziellen Flüchtlingslagern interniert. Dabei trennte man die Ehepaare. Nur etwa zwei- bis dreimal im Jahr konnten sie für einige Tage beisammen sein, sofern sich Schweizer Gastgeber finden ließen.

Meine Eltern meldeten sich beim Flüchtlingshilfswerk. So hatten wir dann in den letzten Kriegsjahren oft jüdische Ehepaare als Gäste bei uns. Ich staune noch heute, wie wir sie in der kleinen Dreizimmerwohnung unterbrachten. Sie wohnten in unserem Kinderzimmer, nahmen ihre Mahlzeiten mit uns zusammen im Wohnzimmer ein und genossen offensichtlich trotz der engen Verhältnisse die Tatsache, außerhalb des Lagers zu sein und Zeit füreinander zu haben. Das Schlafzimmer unserer Eltern wurde in diesen Tagen zum Massenlager. Wir schliefen zu viert im Ehebett. Für mich war dies lustig und mühsam zugleich. Ich erinnere mich noch gut, wie uns die Mutter vor der ersten gemeinsamen Nacht in der Dunkelheit ermutigende Worte zurief. Worauf ich etwas unwillig auf die andere Seite hin zurückgab: «Man soll die Nacht nicht vor dem Morgen loben!»

Diese Gästephasen waren auch für uns Kinder mit Einschränkungen verbunden. Aber die Haltung unserer Eltern, die Gespräche mit unseren Gästen und der Einblick in ihre leidvollen Lebensschicksale hinterließen in uns bleibende Eindrücke.

Meine Eltern hatten sich ihre Ehe- und Familienkonstellation nicht ausgesucht. Es war ihnen aber auch nicht möglich, durch eine andere Rollenverteilung die Situation zu verändern. Als mir dies bewusst wurde, lebte mein Vater nicht mehr. Und trotzdem war es nicht einfach «zu spät». Es ging nun für mich darum, die Erfahrungen in meinem Elternhaus anzunehmen und sie in einen Zusammenhang mit meinem persönlichen Leben zu stellen.

Als Ehepartner und Vater von eigenen Kindern wuchs in mir das Verständnis für die damalige Situation meiner Eltern. So lernte ich eine Aussage meines Freundes Hans Bürki verstehen: «Das Ja zur eigenen Generativität (zum eigenen Gewordensein; Anmerkung des Verfassers) und zur eigenen Generation ist nur praktisch vollziehbar im Ja zu denen, die als Vorfahren mich hervorgebracht haben. Erst wer Bisheriges auch in seinem eigenen Leben annimmt, kann Abschied nehmen und in eine neue Phase eintreten.»[5] Die innere Auseinandersetzung mit diesen Fragen führte dazu, dass ich nun, mit dem nötigen Abstand, dankbar auf das Leben mit meinen Eltern zurückschauen kann. Ich habe gelernt, einiges in einem anderen Licht zu sehen. Und ich verstehe nachträglich auch ansatzweise, weshalb vieles so war und nicht anders.

«Ohne Wurzeln keine Flügel» – Ja, aber wo sind meine Wurzeln?

Der kleine Balfour war drei Monate alt, als sein Vater 1903 starb. Nun stand seine Mutter Janet mit zehn Kindern alleine da. Heißt das zwingend, dass Balfour und seine Geschwister keine Wurzeln schlagen konnten, weil sie ohne Vater mit einer alleinerziehenden Mutter aufwachsen mussten? Was bedeutet es, wenn im Leben eines Kindes fundamentale Bausteine fehlen? Besteht keine Hoffnung, dass es später ein gesundes Leben führen kann? Die Geschichte Janets und ihrer Familie beweist das Gegenteil.

Mit Hilfe der älteren Kinder schaffte es Janet, aus dem Pfarrhaus auszuziehen und in ihre Heimatstadt zurückzukehren. Ihre Jungen und Mädchen machten alle eine Lehre oder schlossen ein Studium ab und standen später mit beiden Beinen im Leben. Als Janet manchmal gefragt wurde, wie sie dies geschafft habe, gab sie jeweils zur Antwort: «Auf den Knien.» Offensichtlich betete sie regelmäßig für ihre heranwachsende Schar. Und Gott hörte sie. Das beeinflusste auch die Generationen nach ihr.

Ihre älteste Tochter Jean wurde Musiklehrerin, heiratete und hatte fünf Kinder. Das jüngste, Janet, war schwächlich von Natur. Sie wanderte ihrer Gesundheit zuliebe von Kanada nach Phoenix in die Wüste Arizonas (USA) aus. Dort lernte sie im Kirchenchor einen charmanten Armenier kennen. Seine Wurzeln waren ganz andere.

Um 1900 wohnten viele Armenier in der Türkei. Auch Vartan und Leah mit ihren Kindern. Die Armenier sind das erste Volk, in dem das Christentum Staatsreligion wurde. So gehörte auch Vartans Familie einer christlichen Denomination an.

Im Jahr 1915 begann ein Völkermord an den Armeniern. Am Anfang schonten die Türken Vartan und seine Angehörigen, weil er als Arzt im Dorf Marash schon immer sowohl Türken als auch Armenier behandelt hatte. Aber die Gefahr stieg. 1920 fuhren türkische Truppen durch die Straßen und erschossen alle Armenier, die sie fanden. Vartan und seine Familie versteckten sich in ihrem Haus.

Leah wollte für ihren dreijährigen Sohn Hartune eine Decke holen. Als sie ins Nebenzimmer eilte, wurde sie durch das Fenster erschossen. Sie war sofort tot.

Vartan blieb trotz ständiger Bedrohung noch zwei Jahre im Dorf. In dieser Zeit heiratete er die Witwe Araxie. Sie brachte ihren Sohn Armen mit in die Ehe. Als die Situation unerträglich wurde, flüchteten sie eines Nachts nach Aleppo in Syrien. Einige Jahre später zogen sie in den Libanon. Vartans erwachsene Kinder wanderten nach Amerika aus.

Hartune folgte ihnen im Alter von 21 Jahren. Er zog zu seiner Schwester, die in Kalifornien ein Geschäft führte. Dort arbeitete er zuerst in ihrem Laden. Später ging er nach Arizona, wo er ein Teppichgeschäft aufbaute.

Dem dunkelhaarigen Hartune gefiel die bodenständige und selbstbewusste blonde Janet auf Anhieb. Die beiden heirateten in der Absicht, eine Familie zu gründen, ein Haus zu bauen und bis zu ihrem Tod zusammenzubleiben. Gemeinsam waren sie auch der Überzeugung, dass die Familie einen wichtigen Platz einnehmen sollte. Sie taten alles, damit ihre Kinder ein gutes Leben hatten.

Bald wurden sie jedoch von den Prägungen durch ihre Kulturen eingeholt. Von Anfang an hatten sie ein völlig unterschiedliches Bild der Ehe und der Rolle von Mann und Frau. Hartunes Bild stammte aus der Tradition des Orients: Der Mann verdient das Geld und sorgt für den Unterhalt seiner Familie. Die Frau ist für ihren Mann, ihre Kinder und für den Haushalt zuständig. So war es seit jeher in der armenischen Kultur üblich. Deshalb kam für ihn nur diese Rollenverteilung in Frage. Auf jede andere Form reagierte er mit Eifersucht.

Janet stammte aus einer starken Familie. «We are survivors» – «Wir sind Überlebenskünstler», sagte sie jeweils. Dabei dachte sie an ihre Vorfahren, die als Pioniere von Schottland und Irland nach Kanada ausgewandert und von der Ostküste immer weiter nach Westen bis nach Vancouver gelangt waren. In ihrer Familie lernten alle selbstverständlich einen Beruf. Auch die Frauen arbeiteten auswärts, sogar dann, wenn sie verheiratet waren und Kinder hatten.

Bei solch unterschiedlichen Ansichten waren Konflikte vorprogrammiert. Hartune bemühte sich, gut für seine Familie zu sorgen. Er konnte nicht verstehen, weshalb Janet sich so eingeengt fühlte. Zwischen den beiden so andersartigen Kulturen entwickelte sich ein Machtkampf, der dazu führte, dass sich beide Partner zunehmend mit beißendem Humor abwerteten. Gleichzeitig hatten sie gegenseitig hohe Erwartungen. In diese Situation hinein wurden vier Töchter geboren. Ich bin die älteste.

Wo liegen nun meine Wurzeln? Bin ich Amerikanerin, weil ich in diesem Land aufwuchs? Bin ich Armenierin oder Kanadierin? Wirkt der schottische oder der irische Hintergrund noch nach? Solche unterschiedlichen Wurzeln – kulturelle, beziehungsmäßige, geistliche – haben alle einen Einfluss auf uns, der nicht unterschätzt werden darf. Entscheidend ist, wie wir mit ihnen umgehen. Wenn mich jemand fragt, wo ich mich zu Hause fühle, antworte ich: «Überall und nirgends. Am ehesten dort, wo meine Familie ist.» Das Gefühl der Unsicherheit, nirgends ganz verwurzelt zu sein, begleitet mich durch mein ganzes Leben. Bei meinen zwei Töchtern, die in der Schweiz aufgewachsen sind, geht das Multikulti-Thema weiter!

Wir können unsere Wurzeln nicht ändern. Was wir tun können, ist, Verantwortung für unser Leben zu übernehmen und mit unseren Wurzeln versöhnt zu sein. Das bedeutet für mich, die kulturellen, beziehungsmäßigen und geistlichen Wurzeln anzuschauen und mich mit ihnen auseinanderzusetzen. Um zu verdeutlichen, was ich meine, erzähle ich weiter aus meinem Leben.

Wir vier Töchter fanden es normal, in dieser «kulturellen Mischung» aufzuwachsen und zu leben. Erst als Erwachsene fing ich an, mich damit zu befassen und nachzuvollziehen, was bei uns ablief. Unser armenischer Vater, hübsch und immer gut gekleidet, war musikalisch, sportlich und lustig. Er hatte eine geniale sprachliche und mathematische Begabung. Allerdings setzte er uns keine Grenzen und strafte uns nie. Oft wickelten wir ihn um den Finger, weil er so gutmütig war, nicht Nein sagen konnte und uns praktisch jeden Wunsch erfüllte. Wir lernten schnell zu schmollen, wenn wir etwas nicht bekamen.

So ging ich später auch mit Gott um. Es fiel mir gar nicht schwer, mir Gott als einen liebenden Vater vorzustellen. Aber wenn ich betete, erwartete ich auch von ihm, dass er so handeln würde, wie ich es mir wünschte. Falls dies nicht der Fall war, schmollte ich und wurde wütend auf ihn. Es war für mich einfacher gewesen, mir dies anzugewöhnen, als mich später davon zu befreien!

Ich vermute, dass mein Vater eine tiefe Lebensangst in sich trug, die er mit Humor überspielte. Vielleicht hatte er das Trauma durch den Tod seiner Mutter und die anschließende Flucht aus seinem Heimatland nicht verkraftet. Jedenfalls redete er nie mit uns über seine Vergangenheit, als wenn er alles hätte vergessen wollen. Sein Ziel war es, ein Amerikaner zu werden. Obwohl er amerikanischer Bürger war, gelang ihm dies nie ganz.

Hätte er es geschafft, seine kulturelle Prägung in die neuen Verhältnisse zu integrieren, wäre es für uns und für ihn besser gewesen. Indem er versuchte, das Gute aus seiner armenischen Kultur zu unterdrücken, konnte er diesen Reichtum nie als Ressource für sein und unser Leben nutzen. Als Tochter will ich ihm dies nicht verübeln. Ich habe ja schließlich nie solche Traumata wie er erleiden müssen. Im Nachhinein verstehe ich ihn da besser.

Meiner Mutter hingegen gelang es, sich in die neue Kultur einzuleben. Sie war für ihre Zeit sehr modern. So schlug sie meinem Vater vor, nach New York zu ziehen, um seine wunderbare Tenorstimme ausbilden zu lassen. Sie würde in ihrem Beruf als Krankenschwester arbeiten. Er traute sich diesen Schritt aber nicht zu. Zudem war es für ihn inakzeptabel, von seiner Frau finanziell abhängig zu sein.

Unsere Mutter, eine starke Frau mit einem kränklichen Körper, war freiheitsliebend, lustig, intelligent, kreativ, musikalisch, aber auch weise und praktisch. Sie hatte einen guten Geschmack. Wie so oft in Familien von Geschäftsleuten war es ihr wichtig, der Umgebung ein gutes Bild der Familie zu präsentieren und nach außen keine negativen Gefühle zu zeigen. Dieser Haltung sind wir alle treu geblieben. Mutter sorgte dafür, dass wir immer sauber, gut gekleidet und anständig waren.

Wir gingen als Familie regelmäßig in die Kirche. Respekt vor Gott und eine moralisch hochstehende Gesinnung waren ihr wichtig. Sie sang und las mit uns, dachte sich spontan Lieder und Gedichte aus und setzte sich für eine gute Schulbildung ihrer Töchter ein. Wir haben ihr viel zu verdanken.

Die Kehrseite ihrer Vielseitigkeit und Korrektheit war ihre Erwartungshaltung. Im Nachhinein verstehe ich, wie überfordert sie mit der Aufgabe war, uns praktisch allein zu erziehen. Wahrscheinlich genügte sie ihren eigenen Erwartungen nicht. Wenn wir ihre Erwartungen nicht erfüllten, wurde sie wütend und strafte uns körperlich oder mit bösen Blicken. Davor fürchtete ich mich sehr. Wir Töchter hatten das Gefühl, ihr nie genügen zu können. Dabei entwickelten wir alle sowohl eine übersteigerte Erwartungshaltung als auch ein schlechtes Selbstbild. Dass ich später dachte, ich müsste alles perfekt machen, um vor Gott zu genügen, war eine logische Folge.

Unsere Eltern waren wortgewandt. Sie gebrauchten diese Begabung jedoch, um sich gegenseitig und uns mit sarkastischen Bemerkungen fertigzumachen. Statt Dankbarkeit herrschte bei uns eine Atmosphäre der Kritik in Form von «Humor». Ohne es zu merken, gewöhnten wir Schwestern es uns an, miteinander und mit anderen Menschen genauso umzugehen.

Wir beobachteten, wie unser Vater Schulden machte, indem er spontane Entscheidungen traf, ohne vorher mit unserer Mutter zu sprechen. Einmal fuhr er mit einem neuen Auto vor. Ein anderes Mal ließ er alle Teppiche in unserem Haus auswechseln. Gleichzeitig vergaß er jedoch, Geld in der Haushaltskasse zu deponieren. Unsere Mutter war sehr gewissenhaft. Es war ihr so peinlich, dass kein Geld mehr auf dem Konto war, wenn sie die Rechnungen pünktlich bezahlen wollte. Aber unser Vater konnte es nicht zulassen, dass seine

Frau das Geld verwaltete, weil das «Männersache» war. Schade, denn sie war sorgfältiger im Umgang mit Geld.

Wir spürten ihre Ängste, nie genug Geld zu haben. Jede von uns Töchtern reagierte anders auf diese Situation. Aber wir alle haben bis heute Mühe, Geld für uns persönlich auszugeben. Jahrelang hatte auch ich Angst, nie genug Geld zum Leben zu haben, und wurde extrem sparsam. Seitdem hat sich in mir vieles verändert. Ich gehe zwar immer noch sorgsam, aber inzwischen doch auch großzügiger mit Geld um, halte es aber bis heute nicht aus, eine Rechnung zu spät zu begleichen.

Die Spannungen und Streitereien unserer Eltern steigerten sich jahrelang, bis es schlussendlich zur Scheidung kam.

So wuchsen wir in einem Spannungsfeld zwischen Verwöhnung und Nicht-Genügen auf. Unser Vater war ein lieber Mensch, der uns jedoch den Baustein «Sicherheit» schuldig blieb. Und weil dieser fehlte, verstärkte sich das Gefühl in mir: «Ich kann niemandem vertrauen, ich muss alles selber machen.» Dies führte dazu, aus Angst und Misstrauen alles und alle kontrollieren zu wollen.

Diese Haltung prägte auch meine Beziehung zu Gott. Lange Zeit hatte ich die Empfindung: «Ich weiß zwar, dass er ein liebender Gott ist, aber ich kann ihm nicht vertrauen. Ich muss alles selbst in die Hände nehmen.» Als ich später mit Jesus in Beziehung kam, fing ein lange währender Prozess an, in dem ich lernte, ganz bewusst auf Gott zu vertrauen und auf das Schmollen zu verzichten. Das führte dazu, dass ich in meiner ersten Ehe meine Ängste und mein Misstrauen immer mehr abbauen und darauf vertrauen konnte, dass Gott für mich und meine Familie sorgen würde.

Zusammenfassend kann ich sagen: Ich habe noch keine festen kulturellen Wurzeln geschlagen. Wo auch immer ich auf dieser Welt bin, werde ich mich als eine «Fremde» fühlen. In einem gewissen Sinn habe ich mich daran gewöhnt, nicht mehr typische Amerikanerin, aber doch auch nicht ganz Schweizerin zu sein. Durch das Wissen, dass mein Mann mich liebt und ich ihm vertrauen kann, wurde vieles in mir heil. Meine «farbigen» Wurzeln begannen durch meine Aufgabe als Beraterin, Mutter erwachsener Töchter und als Großmutter wieder zu wachsen.

Am meisten verwurzelt fühle ich mich in meiner Beziehung zu Christus. Der Entscheid, Jesus in mein Leben einzuladen, war und bleibt der beste meines Lebens. Ich dachte nicht immer so. Aber ich entdeckte das Geheimnis meiner Urgroßmutter Janet, in schwierigen Lebensumständen Gott zu vertrauen. Auch wenn ich in einer disharmonischen Umgebung aufwuchs, bildeten sich in mir starke Wurzeln im Leben und im Glauben.

Bis ich so weit war, brauchte es viele Stunden der Seelsorge und Beratung. Daraus erwuchs mein Lebensziel, das durch meinen Lieblings-Bibelvers ausgedrückt wird. Jesus sagt: «Ich bin der Weinstock, und ihr seid die Reben. Wenn jemand in mir bleibt und ich in ihm bleibe, trägt er reiche Frucht; ohne mich könnt ihr nichts tun» (Johannes 15,5).

Je stärker meine Wurzeln in der Beziehung zu ihm wurden, desto mehr entwickelten sich meine Flügel. Das half mir, meine Unsicherheit zu verlassen und Neues zu wagen. Seit vierzig Jahren bin ich nun mit Jesus unterwegs. Dabei habe ich erfahren, dass er viele innere Wunden aus der Vergangenheit geheilt hat. Durch alles, was ich erlebte, wuchs in mir das Verständnis für Menschen, die ebenfalls schwere Zeiten durchstehen mussten. Nun kann ich andere in schwierigen Lebensumständen begleiten.

2 Gemeinschaft: Traumbild oder Übungsfeld?

Die Hohe Schule der Ehe

«Alltagsphilosophen behaupten, das Leben sei eine Schule. Wenn dem so ist, dann sind die intime Beziehung und die Ehe eine Art Elite-Universität. Hier stehen Sie vor den schwierigsten Prüfungen, hier können Sie am meisten lernen und wachsen – aber auch am meisten empfangen.»[6] An solche Aussagen erinnern wir uns, wenn sich in unserer Ehe früher oder später der Eindruck verdichtet: Viele unserer Hoffnungen haben sich nicht erfüllt. Was uns anfänglich so fasziniert hat, regt uns gegenseitig auf und lässt unsere Defizite in schmerzlicher Weise ans Tageslicht kommen. Die Verliebtheit weicht einem Machtkampf. Wir glauben, die Mängel des Partners zu erkennen, sind uns aber der eigenen Muster nicht bewusst. Vielleicht merken wir beide nicht, dass wir damals mit unserem Wunsch nach Ergänzung vor allem eine Hilfestellung für das suchten, was wir in unserem eigenen Leben bisher so schmerzlich vermisst hatten.

Das gemeinsame Lernen in der Ehe beginnt da, wo wir einsehen, dass wir dem andern letztlich nicht alles schenken können, was er braucht, weder an Liebe noch an Nähe oder Fürsorge. Wir möchten in unserer Partnerschaft zwar unser Bestes geben, aber auch in unseren Bedürfnissen echt gestillt werden, geborgen und zufrieden sein. So wie es David in einem seiner Psalmen beschreibt: «Ich habe mein Herz beruhigt und gestillt; wie ein entwöhntes Kind an der Mutter Brust, so ruht entwöhnt mein Herz in mir» (Psalm 131,2).

Solche und ähnliche Aussagen macht der Psalmist vor allem in schwierigen Zeiten. Er wird sich bewusst, dass seine Möglichkeiten und Kräfte nicht mehr ausreichen. Nun sucht er die Geborgenheit nicht mehr vorwiegend bei einer seiner Frauen. Auch nicht bei seinem Freund Jonathan, der ihm sehr nahesteht, oder bei anderen Menschen. «Nur (im Aufblick) zu Gott ist meine Seele still; von ihm kommt meine Hilfe; nur er ist mein Fels und meine Hilfe, meine Burg: ich werde nicht allzu sehr wanken» (Psalm 62,6–7).

«Ehepaar sein ist einer der konsequentesten Wege der eigenen Erweiterung und Annahme des anderen. Damit heißt Ehepaarsein im Alltag vor allen Dingen persönliches Wachstum.»[7] Diese «Annahme des anderen» in der Ehe beginnt weder bei mir noch beim anderen, sondern im Gespräch mit Gott. Wo ich darauf verzichte, davon auszugehen, meine Ehepartnerin könnte oder müsste mich eigentlich glücklich machen und ich sollte meinerseits doch imstande sein, alle ihre Bedürfnisse zu befriedigen, beginnt im Lernprozess unserer Ehe ein neues Kapitel. Es geht dabei gewissermaßen um Elementarunterricht. Im Verlauf der Zeit zeigen uns dann vielleicht kleine Ereignisse, dass wir Lernschritte gemacht haben.

Ein Erlebnis, das eine solche Entwicklung illustriert, bleibt mir in lebhafter Erinnerung. Es spielte sich lange nach unserer Verheiratung ab. Meine erste Frau und ich waren im Umgang mit Menschen sehr verschieden. Während ich in Gesprächen meine Ansichten meist zurückhaltend und vermittelnd äußerte, ging sie die Probleme spontan und offen an. Wir empfanden dies einerseits als gute Ergänzung. Auf der anderen Seite führte diese Unterschiedlichkeit auch manchmal zu Spannungen. Meine Frau vermisste bei mir oft die nötige Transparenz. Mir dagegen, im Tiefsten sehr harmoniebedürftig, bangte vor den Auseinandersetzungen und Konflikten, die ihre Offenheit hervorrufen könnte.

Eines Tages äußerte sich meine Frau in einem kleinen Kreis von Freunden sehr engagiert und exponierte sich dabei stark, indem sie eine sehr heikle Frage anschnitt und recht persönlich wurde. In diesem Moment stellte ich mit Erstaunen fest, dass sich in mir überhaupt keine Tendenz mehr bemerkbar machte, durch eine vermittelnde Bemerkung einen möglichen Konflikt zu verhindern. Beglückt nahm ich zur Kenntnis, dass meine Frau so und nicht anders war und ich sie in ihrer ganz persönlichen Art, sozusagen «brutto», schätzte und liebte.

Eine göttliche Kläranlage

Manfred Engeli schildert die Zusammenhänge zwischen Gottes- und Paarbeziehungen folgendermaßen:

«Der Gottesbeziehung jedes Partners kommt die höchste Priorität zu. Hier sollte unser Liebesbedürfnis grundlegende Stillung finden, denn von der Liebe des Partners allein kann kein Mensch leben. Bei Gott und von ihm als Modell können wir auch lernen, was unabhängige Liebe bedeutet: Sie nimmt das Gegenüber bedingungslos an, steht unverbrüchlich treu zu ihm und lässt sich nicht erbittern; der Grund dieser Liebe liegt nicht in den Vorzügen des Gegenübers, sondern im eigenen freien Herzen. Gott beschenkt uns gern mit dieser Liebe zum Partner, wenn wir unseren Mangel eingestehen, ehrlich darum bitten und die Liebesimpulse, die er uns schickt, dann auch ausführen.

Man muss innerlich frei sein, um den Partner so lieben zu können. Damit Freiheit entsteht, braucht es in der Mann-Frau-Beziehung Entflechtung. Es ist wichtig, dass wir den Partner aus unseren Rechtsansprüchen, Forderungen und Bedingungen entlassen; dass wir aufhören, ihn nach unserem Bild erziehen und umgestalten zu wollen; dass wir auf unsere Symbiose-Wünsche verzichten; dass wir ihn freigeben in seine ganze Verantwortlichkeit Gott gegenüber.

‹Man muss Gott mehr gehorchen als den Menschen› (Apostelgeschichte 5,29) gilt auch in der Ehebeziehung, und zwar für beide Partner. Die eigentliche Verantwortung für all sein

Tun trägt jeder vor Gott und nicht vor dem Partner; Gott allein ist er Rechenschaft schuldig. Wer wirklich Gottes Wohlgefallen sucht, der muss sich um die Achtung des Partners nicht sorgen; wer Gott gehorcht, der muss sein Gegenüber nicht zufrieden stellen; wer Gott fürchtet, wird frei von Menschenfurcht.

Es ist wichtig zu unterscheiden, was in der Beziehung ‹obendurch›, das heißt über Gott, laufen soll und was auf die horizontale Beziehungsebene gehört. In die direkte Mann-Frau-Beziehung gehört alles, was das Gegenüber ermutigt, was Dankbarkeit und Liebe zu ihm ausdrückt und womit wir ihm Anteil geben können an unseren Gedanken und unserem Erleben. Alles aber, was wir uns an Veränderung beim Partner wünschen, was uns an ihm stört, unsere Ängste um und für ihn, unsere unguten Gefühle ihm gegenüber, all dies verwandeln wir besser in Gebet und schicken es ‹obendurch›. Was die ‹göttliche Kläranlage› durchlaufen hat und von Gott dann an den Partner weitergeleitet wird, ist ‹gutes Trinkwasser›; von ihm kann er viel mehr annehmen, weil Gott ein Meister der Ermutigung ist. Dann, wenn wir all diese Dinge wirklich an Gott abgegeben haben, können sich konstruktive Gespräche darüber ergeben.»[8]

Vielleicht stellen wir eines Tages mit Staunen fest, dass in solchen Gesprächen, die zunehmend an Tiefe gewinnen, Dinge angesprochen werden können, die bisher im Alltag der Ehe tabu waren.

Ich erinnere mich an ein Nachtgespräch mit meiner ersten Frau. Wir konnten beide lange nicht einschlafen. Deshalb begannen wir miteinander zu reden. Dies führte zu einem tiefen und beglückenden Austausch. Als der Hahn des Nachbarn zum ersten Mal krähte, wünschten wir uns für den Rest der Nacht einen guten Schlaf. Dann aber fügte meine Frau noch einen kurzen Satz bei: «Ich danke dir für dieses gute Gespräch.» Nun konnte ich erst recht nicht mehr einschlafen. Durch diese Bemerkung war mir bewusst geworden, dass unser letztes so «gutes Gespräch» schon sehr weit zurücklag.

Auch im Zusammenleben mit unseren Kindern sind wir Eltern auf die «göttliche Kläranlage» angewiesen. Wir können anstehende Probleme «obendurch» schicken. Im Unterschied zum Leben in der Ehe sind wir aber in der Erziehung vor zusätzliche Fragen gestellt: Ist nun ein pädagogischer Zugriff oder erzieherische Zurückhaltung gefragt? Muss ich eine Maßnahme ergreifen, oder ist Nachsicht und Abwarten am Platz? Gilt es, elterliche Verantwortung zu übernehmen, oder haben wir das Kind in die Freiheit der Selbstverantwortung zu entlassen? Solche Entscheidungen können wir nicht an Gott delegieren. Wir haben als Eltern zu handeln. Allerdings können wir ihn darum bitten, dass er in unsere innere Auseinandersetzung hinein Klarheit schenkt.

Wenn ich lese, was Heinz über die Ehe schreibt, habe ich den Eindruck, dass ihm dies nicht schwerfällt. Er führte mit seiner ersten Frau bis zu ihrem Tod eine glückliche Ehe. Dass ich mit ihm nun eine erfüllende zweite Partnerschaft erleben darf, verhilft mir zu einem ausgeglicheneren Bild. Meine erste Ehe, die zwanzig Jahre dauerte, war schwierig. Mein erster Mann war von Anfang an psychisch krank. Er verbrachte einen großen Teil dieser Zeit in einer psychiatrischen Klinik.

Eine Ehe zu führen, wenn ein Partner psychisch krank wird, ist eine Herausforderung. Wahrscheinlich träumen die meisten Paare beim Heiraten von einer harmonischen Ehe und Zukunft. Das ist schön so! Wenige heiraten mit dem Gedanken, dass der Partner krank sein oder werden könnte. Mir ging es auch so. Aber die Geschichte begann früher.

Während unseres Studiums schalteten meine Freundin und ich ein Zwischenjahr ein. Nachdem wir fleißig studiert und auch hart gearbeitet hatten, um Geld für eine Reise nach Europa zu verdienen, ging es los. Damals war die zehntägige Schiffsreise von New York nach Le Havre am billigsten. Mit dem Zug erreichten wir dann die Schweiz, wo uns die Familie eines Austauschstudenten unserer High School aufnahm. Hier begann eine besondere Beziehung zur Schweiz und zu den Schweizern.

Wir zwei waren in der Wüste Arizonas aufgewachsen, umgeben von Kakteen und Sand. Nun verliebten wir uns sofort in dieses Land, das mit seinen saftigen grünen Weiden, den Seen und den Bergen so anders war. Von hier aus starteten wir unsere Reise durch viele Länder Europas. In dieser recht abenteuerlichen Zeit hatten wir oft den unerklärlichen Eindruck, dass uns jemand vor Gefahren bewahrte.

Nach zehn Monaten fuhren wir wieder mit dem Schiff nach Hause. Unter den Passagieren befanden sich andere Studenten aus aller Welt. Eines Abends fand ein internationaler Talentabend statt. Von jedem Land trugen junge Menschen etwas aus ihrer Kultur vor: Gesänge, Tänze, Gedichte, Theater usw. Zwei Schweizer in roten Windjacken sangen typische Mundartlieder ihres Landes. Mir gefiel der hübsche Dunkelhaarige mit der Gitarre. Zu meiner Überraschung lud ausgerechnet er mich später zum Tanzen ein. In einer Pause erzählte er mir, dass er an Jesus Christus glaube. Zum ersten Mal in meinem Leben begegnete ich einem Menschen, der offensichtlich eine tiefe Beziehung zu Gott hatte. Ich sagte ihm, dass ich mit Jesus nicht viel anfangen könne. Und doch weckte dieses Gespräch eine alte Sehnsucht in mir.

In den nächsten Tagen redeten wir intensiv über den christlichen Glauben, bis wir in New York ankamen. Meine Freundin und ich luden die beiden Schweizer ein, auf ihrer Reise zu uns nach Arizona zu kommen. Bei diesem Besuch geschah es dann, dass der hübsche dunkelhaarige Schweizer und ich uns ineinander verliebten. Er ging in die Schweiz zurück, und ich entschied mich, später nachzukommen.

Nach meiner Rückkehr in die Schweiz besuchten wir miteinander «L'Abri». In einem Dorf im Kanton Waadt hatten Dr. Francis und Edith Schaeffer eine Gemeinschaft aufgebaut, in der Menschen aus allen Nationen auf der Suche nach dem

Sinn des Lebens ihre Fragen über den christlichen Glauben mit anderen diskutieren konnten. Nach vielen Gesprächen mit Sheila Bird, einer Beraterin, entschied ich mich ganz nüchtern und bewusst, die Führung meines Lebens in die Hände von Jesus Christus zu geben. Endlich fand ich Ruhe und eine Antwort auf meiner langjährigen Suche nach Gott!

Während unseres Aufenthaltes in L'Abri verlobten wir uns. Sheila Bird als ausgebildete Krankenschwester, Sozialarbeiterin und Seelsorgerin erkannte bei meinem Verlobten extreme Stimmungsschwankungen. Sie sprach mich darauf an und meinte, dass er möglicherweise psychisch krank sein könnte. Frisch verliebt und begeistert vom Glauben an Jesus Christus entgegnete ich, dass wir beide ja Christen seien und deshalb alles gutgehen würde. Ihre Beobachtungen erwiesen sich später als richtig. Aber anstatt mir Vorwürfe zu machen, weil ich nicht auf sie gehört hatte, begleitete sie mich jahrelang bis zu ihrem Tod mit ihrem Fachwissen und ihrem Verständnis. Durch die Gespräche mit ihr vertiefte sich meine Beziehung zu Gott, und ich lernte, was Seelsorge heißt.

Das Leben mit meinem psychisch kranken Mann war für mich und unsere Töchter unbeschreiblich schwer. Als feinfühliger, sehr begabter Mensch litt er ebenso, nur anders. Seine Stimmungslage war manchmal himmelhoch jauchzend. Dann konnte es vorkommen, dass er mitten in der Nacht unterwegs war, um ohne ersichtlichen Grund Bekannte zu besuchen. Nachher fiel er unvermittelt in eine Depression, die ihm das Arbeiten verunmöglichte. Wenn er Suizidgedanken äußerte, ordnete der Arzt die Einweisung in eine Klinik an. Dort verbrachte er während unserer zwanzigjährigen Ehe gesamthaft etwa sechzehn Jahre.

Dazwischen lagen relativ gute Zeiten, in denen er einer regelmäßigen Arbeit nachgehen konnte. Es fiel ihm jedoch schwer, dass er nicht mehr in seinem Beruf als Lehrer tätig sein konnte. Er hatte auch keine Kraft, seine Rolle als Ehemann und Vater zu erfüllen. Es war ein gemeinsames Leiden. Für mich ging es darum, ihn zu stützen und gleichzeitig unsere beiden Töchter allein zu erziehen. Das führte mich an die Grenzen meiner Kräfte.

An den Sonntagen fühlten wir uns oft einsam. Für psychisch Kranke sind die Festtage besonders schwierig. Mir kommt es vor, als wenn in diesen Tagen «der Teufel los» wäre. Dies galt auch für uns. Freunde aus unserer Kirchgemeinde waren uns in solchen Zeiten eine große Hilfe. Hier hatten wir Freundschaften aufgebaut. Es berührte mich, dass so viele Menschen regelmäßig für uns beteten. Das gab mir die Gewissheit, dass ich die Last nicht allein zu tragen hatte. Und doch hinterließen diese Zeiten tiefe Spuren. Das wurde mir kürzlich bewusst, als ich mit meinem fünfzehnjährigen Enkel ein Photoalbum aus jenen Jahren anschaute. Nachdem er die Bilder lange und schweigend betrachtet hatte, blickte er mich an und sagte: «Grandma, du siehst ja auf diesen Bildern viel älter aus als heute!»

Mit der Zeit erkannte ich, dass ich mich hie und da aus der erschöpfenden Alltagssituation herauslösen musste, um mich zu erholen. Denn ich merkte: Wenn es mir als Mutter gut ging, kam dies allen zugute. Aber auch meine Töchter brauchten von Zeit zu Zeit Abstand und Erholung. In Lagern, in den Ferien auf einem Bauernhof und mit mir zusammen in Familien-Ferienwochen konnten wir neue Kräfte schöpfen.

Ich wünschte, ich könnte nun schreiben, dass mein Mann nach dieser langen Krankheitszeit gesund und unser Familienleben glücklich geworden sei. Es kam anders. Er verkraftete sein schweres Leiden nicht mehr und setzte seinem Leben ein Ende.

Frühnebel über der christlichen Gemeinschaft

Nicht nur unsere Ehebeziehungen und unsere Familien sind Lernwerkstätten des Lebens. In jeder christlichen Gemeinde oder Lebensgemeinschaft erwartet uns eine ähnliche Herausforderung:

Wir sind mitten in einem Bewerbungsgespräch für den Eintritt in unsere Fachschule. Die junge Frau, die mir gegenübersitzt, wirkt frisch und lebendig. Sie scheint sehr motiviert zu sein, Sozialpädagogin zu werden. Als ich ihr sage, dass es eine Bedingung sei, während der theoretischen Ausbildung in der Wohngemeinschaft der Studierenden zu leben, reagiert sie fast ein wenig euphorisch. Ich bin dies nicht gewohnt. Meist erkennen die jungen SozialpädagogInnen erst nach der Ausbildung, was ihnen das verbindliche Leben in der Gemeinschaft gebracht hat. Die Freude dieser jungen Frau wirkt ansteckend. «Sie wird der Klassengemeinschaft guttun», denke ich für mich.

Ein Jahr später hat sie das Vorpraktikum erfolgreich abgeschlossen und steht bereits im dritten Monat des ersten Studiensemesters. Einige Erfahrungen in der Wohngemeinschaft liegen hinter ihr. Nun bittet sie um ein Gespräch. Wieder sitzt sie mir gegenüber. Ist das noch dieselbe Person? Die junge Frau wirkt völlig niedergeschlagen.

Nach längerem Schweigen bricht es aus ihr heraus: «Ich habe mir das Leben in einer solchen Wohngemeinschaft ganz anders vorgestellt. Das Zusammenleben mit Christen müsste doch eigentlich harmonischer sein. Da treffe ich auf Mitstudierende, die verschlossen sind, und auf andere, die empfindlich oder dominierend sind. In den ersten Wochen gab es auch schon Konflikte untereinander. Und mit einer besonders schwierigen Mitstudentin hatte ich sogar eine deftige Auseinandersetzung. Ich überlege mir, ob ich wieder aussteigen soll.»

Die junge Frau ist schlussendlich nicht ausgestiegen. Sie hat durchgehalten und dabei erlebt, dass gemeinsames Leben nicht nur Freude macht, sondern auch herausfordernd ist. Eigentlich hatte sie sich gewünscht, im Kreise Gleichgesinnter wohltuend aufgehoben zu sein. Die Gemeinschaft half ihr zwar, in persönlichen Schwierigkeiten nicht allein zu sein. Sie stellte aber auch Anforderungen an sie, denen sie nicht ausweichen konnte. Sie wurde enttäuscht, aber in heilsamer Weise. Denn sie stand unerwartet vor der Aufgabe, in der Wohngemeinschaft ein Stück reales Leben zu lernen und einzuüben. Ein solcher Prozess kann schmerzhaft sein. Das Festhalten von Vorstellungen über das gemeinsame Leben kann zum Scheitern oder zu andauernden Spannungen führen.

Dietrich Bonhoeffer, der selbst als Leiter einer Ausbildungs- und Lebensgemeinschaft mit Studenten zusammenwohnte, sagt dazu:

«Unzählige Male ist eine ganze christliche Gemeinschaft daran zerbrochen, dass sie aus einem Wunschbild heraus lebte. Gerade der ernsthafte Christ, der zum ersten Male in eine christliche Gemeinschaft gestellt ist, wird oft ein sehr bestimmtes Bild von der Art des christlichen Zusammenlebens mitbringen und zu verwirklichen bestrebt sein. Es ist aber Gottes Gnade, die alle derartigen Träume rasch zum Scheitern bringt. Die große Enttäuschung über die anderen, über die Christen im Allgemeinen und, wenn es gutgeht, auch über uns selbst, muss uns überwältigen, so gewiss Gott uns zur Erkenntnis echter christlicher Gemeinschaft führen will.» Der Lernprozess beginnt deshalb mit einem heilsamen Erwachen: «Wo die Frühnebel der Traumbilder fallen, dort bricht der helle Tag christlicher Gemeinschaft an.»[9]

Eine christliche Lebens- oder Arbeitsgemeinschaft gestalten, heißt miteinander als Lernende unterwegs sein, einander immer wieder einiges schuldig bleiben und sich gegenseitig vergeben. Es geht auch hier um Wachstum, das heißt um die Frage: «Hat die Gemeinschaft dazu gedient, den Einzelnen frei, stark und mündig zu machen, oder hat sie ihn unselbständig und abhängig gemacht?» (Dietrich Bonhoeffer). Wenn wir in der Entfaltung unserer Persönlichkeit und in unserem Glauben nicht wachsen, stagniert auch das Leben innerhalb einer Kommunität, einer Kirchgemeinde oder einer Arbeitsgemeinschaft. Dabei können Glaube und Persönlichkeit nicht voneinander getrennt werden. Deshalb stellt sich uns immer wieder die wichtige Frage: Geht es in den Auseinandersetzungen, die wir führen, um den gemeinsamen

Auftrag, zum Beispiel um theologische bzw. organisatorische Fragen, oder aber um Machtpositionen?

Wenn wir im Sinne des Bonhoeffer-Zitats «ent-täuscht» werden, lernen wir, selbsterdachte oder ersehnte Ideale loszulassen. Dann wird uns deutlich, dass das gemeinsame Leben oder Arbeiten uns Gelegenheit gibt, nicht nur Erfüllung zu erleben, sondern auch Verantwortung zu übernehmen.

Ob wir die Chance nutzen, hängt auch davon ab, wie weit wir erkennen, dass unser Wert nicht abhängig ist von dem, was wir gesellschaftlich oder beruflich erreicht haben. Aber auch nicht vom Maß an Zuwendung und Bestätigung, die wir erfahren. Unterwegs sein, die Lebensumstände immer neu bejahen und die täglichen Herausforderungen annehmen heißt, immer mehr mit der Zusage Gottes leben: «Du bist in meinen Augen kostbar, wertvoll für mich, und ich habe dich lieb gewonnen» (Jesaja 43,4). Dies verhilft zur befreienden Erkenntnis, dass unser Leben nicht uns gehört, sondern in umfassender Weise in Gottes Hand aufgehoben ist.

3
Glauben lernen

Glauben als Lernprozess? Ein ungewohnter Gedanke. Vielleicht löst dieser Titel in Ihnen ungute Erinnerungen an Menschen aus, die Ihnen den Glauben mit Nachdruck beibringen wollten. Es lohnt sich deshalb, darüber nachzudenken.

Ins Herz geschrieben

Die Grundlagen des Gottvertrauens werden in einem Lebensabschnitt des Kindes gelegt, in dem Lernen noch kein Thema ist, nämlich in den Armen seiner Mutter und auf den Schultern seines Vaters. Die Eltern oder andere Bezugspersonen sind ihm durch ihr So-Sein Vorbilder für ein Leben mit Gott. Im «Panzerhemd des Vertrauens» erfährt es etwas vom Pulsschlag ihres Lebens: ihre gegenseitige Zuneigung, den bewegten Arbeitsalltag, die gesellschaftlichen Verpflichtungen, aber auch ihre Sorgen. Gleichzeitig nimmt das Kind etwas von der Gottesbeziehung seiner Eltern wahr.

So wie das Kind im Vertrauen seiner Eltern lebt, ist es zunächst auch in deren Glauben aufgehoben. Viele Eltern haben durch ihren gelebten Glauben eine Grundlage für das wachsende Vertrauen ihrer Kinder zu Gott gelegt. Aber auch ohne den Glauben ihrer Eltern sind Kinder offen für Fragen nach den letzten Dingen. Vielleicht sind es vorerst nur vage Vorstellungen, die in ihnen schlummern. Paulus weist uns auf eine erste Gotteserkenntnis durch das Erleben der Schöpfung hin: «Dabei ist doch das, was man von Gott erkennen kann, für sie [die Heiden] deutlich sichtbar; er selbst hat es ihnen vor Augen gestellt. Seit der Erschaffung der Welt sind seine Werke ein sichtbarer Hinweis auf ihn, den unsichtbaren Gott, auf seine ewige Macht und sein göttliches Wesen» (Römer 1,19 und 20).

Ich kann mich noch gut an mein erstes «theologisches Erlebnis» erinnern. Es stammt aus meiner Vorschulzeit. Obwohl meine Eltern damals noch keinen Bezug zum christlichen Glauben hatten, beschäftigte mich offensichtlich die Frage nach Gott.

Ich war in den Ferien bei meiner Großmutter, einer feingliedrigen, fleißigen Frau, die mit ihren zwei unverheirateten Töchtern täglich in den Weinbergen an den Reben harte Arbeit leistete. An einem hellen Sommertag durfte ich meine Patentante in ihren Weinberg oberhalb des Städtchens Maienfeld begleiten. Ich war noch zu klein, um mitarbeiten zu können. So setzte ich mich auf eine Steinmauer, die den Rebberg eingrenzte, genoss die Sonne – und hatte plötzlich eine tiefe «philosophische Erkenntnis», nämlich folgende sehr deutliche Vorstellung:

Gott hat einen ganz bestimmten Plan für das Leben jedes Menschen. Und genau nach diesem Plan verläuft es dann auch. «Nicht wahr, Tante Meta», rief ich nach kurzer Besinnung zu den Rebstöcken hinunter, «wenn wir jetzt nicht gerade hier im Weinberg wären, dann wären wir gar nicht auf der Welt.»

«Dummes Zeug», tönte es nach kurzer Pause aus den Rebstöcken herauf. «Dann wären wir wahrscheinlich zu Hause beim Nachmittagsimbiss.»

Als sie mir auf mein erneutes Nachfragen die gleiche einfältige Antwort gab, konnte ich nur noch den Kopf schütteln: «Die blickt nicht durch.»

Auf Grund solcher oder ähnlicher Vorstellungen kommen Kinder mit ihren Eltern ins Gespräch. Damit sind sie schon an der Schwelle angelangt, an der wir von «glauben lernen» sprechen können. Solche Gespräche gehen allerdings weit über eine «Orientierung über den christlichen Glauben» hinaus. Wo Menschen im Laufe der Kirchengeschichte vom Glauben ergriffen und echt bewegt wurden, geschah dies meist dadurch, dass Christen ihnen vorlebten und bezeugten, was sie mit Gott erlebt hatten.

Solche Zeugen des Glaubens waren in meiner Kindheit und Jugend vorwiegend Menschen, die durch ihr Leben bestätigten, was ihnen Gott bedeutete.

Die aufgeschlagene Bibel meines Vaters neben seinem Frühstücksgeschirr stimmte überein mit seinem Singen am frühen Morgen, aber auch mit seiner Art, im Leben zu stehen und anderen Menschen zu begegnen.

Bei meiner Mutter war es eine bestimmte Aussage, die mir lange nachging. Meine Eltern hatten über Jahre hinweg kaum ernsthaft nach Gott gefragt. In der erwähnten Ehekrise begann meine Mutter die Gottesdienste der Landeskirche zu besuchen. Durch die Predigten des Pfarrers, der mich später konfirmierte, kam sie in eine lebendige Beziehung zu Gott. Sie redete wenig darüber. Aber wir merkten, dass sich in ihr eine Veränderung vollzogen hatte.

Eine ihrer ersten Aussagen über den Glauben ist mir unvergesslich: «Heinz, seit ich mit Jesus lebe, bleiben deine Hosen länger ganz.»

Staunendes Kopfschütteln auf meiner Seite. Was sollten meine Hosen mit Jesus zu tun haben? Weil ich als umtriebiger Junge jeden Tag bedeutend mehr auf den Bäumen als auf dem Boden anzutreffen war, wurden meine Hosen tatsächlich arg strapaziert. Meine Mutter, die oft bis spät in die Nacht hinein für ihre Kundinnen nähen musste, damit wir finanziell durchkamen, war darauf angewiesen, dass meine Kleider lange ganz blieben. Mit ihrem Hinweis wollte sie mir sagen: «Seit Gott in mein Leben trat, liegt auf allem ein besonderer Segen.» Viel später habe ich dies dann sehr gut verstanden und auch persönlich erlebt.

Methode und Wegbereitung

Kann man glauben lernen? Paulus gab den Menschen, denen er auf seinen Reisen begegnete, den Wunsch mit: «damit Christus durch den Glauben Wohnung in euren Herzen nehme» (Epheser 3,17). Gleichzeitig fragte er: «Wie sollen sie den anrufen, an den sie nicht zu glauben gelernt haben? Wie sollen sie aber an den glauben, von dem sie nicht gehört haben? Wie sollen sie aber von ihm hören, wenn keiner ihnen die Heilsbotschaft verkündigt?» (Römer 10,14).

Dietrich Bonhoeffer unterscheidet zwei Grundelemente der Verkündigung: Methode und Wegbereitung. Damit berührt er Fragen, die in der gegenwärtigen Diskussion um den Religionsunterricht sehr aktuell sind.

Von Methodik sprechen wir, wenn es darum geht, Formen zu finden oder Hilfsmittel bereitzustellen, um biblisches Wissen weiterzugeben, christliche Literatur auszuwerten, ethische Grundlagen zu vermitteln oder Ereignisse der Kirchengeschichte zu schildern. Eine solche Orientierung, die der kindlichen Entwicklung angepasst ist, legt die Grundlagen für eine Offenheit dem Glauben gegenüber.

Wegbereitung vollzieht sich auf einer anderen Ebene und in umfassenderer Weise. «Wegbereitung geht im Unterschied zu allen Methoden von der klaren Erkenntnis aus, dass Christus selbst den Weg gehen muss; es ist nicht unser Weg zu ihm, sondern sein Weg zu uns, der bereitet werden soll.»[10] Damit deutet Bonhoeffer an, dass wir Eltern oder Erzieher dieses Geschehen nicht in der Hand haben. *Er* bereitet den Weg. Trotzdem ist unser waches Da-Sein gefragt. Eine spannende Herausforderung!

Ob wir als Eltern oder als Mitarbeitende einer Kirche die Wegbereitungsaufgabe erfüllen, ist keine methodische, sondern eine existenzielle Frage. Es geht hier nicht hauptsächlich um das, was wir sagen, sondern um das, was wir sind. Wegbereitungsdienst leisten heißt, als Eltern selbst mit Gott auf dem Weg zu sein, mit seinen Kindern Glaubenswahrheiten entdecken, gemeinsam in Freuden und in Schwierigkeiten des Alltags stehen, mit ihnen immer wieder schuldig werden und der Vergebung bedürfen. Es bedeutet, dass auch wir noch nicht am Ziel sind, uns aber an den halten, der «A und O, Anfang und Ende» ist (vgl. Offenbarung 22,13). Solche Gemeinsamkeit vertieft das gegenseitige Vertrauen.

So sind wir als «Diener des Kindes» an der Wegbereitung beteiligt, gleichzeitig aber auch «Diener des Wortes Gottes». Als solche können wir dieses Wort glaubhaft weitergeben, wenn es uns selbst lieb geworden ist, wenn wir uns immer wieder dafür erwärmen können, darüber ins Staunen geraten und aus der Kraft dieses Wortes heraus leben.

Glauben lernen. Der Gedanke spricht mich an. Solange ich mich erinnern kann, war ich auf der Suche nach Gott. Als Erwachsene erfuhr ich durch eine Nachbarin, dass meine Mutter mich ihr «geistliches Kind» genannt habe. Obwohl meine Eltern nicht über Gott sprachen und ich auch nie wusste, was sie glaubten, kam ihre christliche Prägung zum Ausdruck. Beide hatten Vorfahren, die in enger Beziehung zu Gott gelebt hatten.

Ich denke, dass sich in unserer Familie etwas von dem ereignete, was in 2. Mose 20,6 angesprochen wird: «Wenn mich aber jemand liebt und meine Gebote befolgt, dann erweise ich auch noch seinen Nachkommen Liebe und Treue, und das über Tausende von Generationen hin.» Für mich bedeutet dies, dass von einer Familie, die bewusst im Glauben an Gott lebt, ein Segen auf die nachfolgenden Generationen ausgehen kann.

Es war an meinem neunzehnten Geburtstag. Meine Familie fuhr nach einem gemeinsamen Essen nach Hause. Hinten im Auto sitzend betrachtete ich die Wolken am Himmel. In die verschiedensten Wolkenformen mit allen Nuancen von weiß bis dunkelgrau fiel das rötliche Licht eines Sonnenuntergangs, wie wir ihn über der Wüste Arizonas oft erleben konnten. In diesem Moment geschah etwas, was zu einem Schlüsselerlebnis meines Glaubens wurde. Bei der Betrachtung dieser Schönheit erfüllte mich eine tiefe Gewissheit: «Es muss einen Gott geben. Nur ein Schöpfer-Gott kann diese Vielfalt schaffen. Sie kann nicht Zufall sein.» Das war die Antwort auf meine Frage nach Gott: «Ja, es gibt ihn, und er ist ein großer Künstler.» Ohne es zu wissen, geschah damals etwas von dem, was wir eben in Römer 1,19 und 20 gelesen haben.

Mit Jesus konnte ich allerdings nach wie vor nichts anfangen. Leider hatten Verwandte, die bekennende Christen waren, einen Anteil an dieser Tatsache. Ich zweifle nicht daran, dass sie für unsere Familie beteten. Ihre Gebete trugen sicher dazu bei, dass ich später in eine Beziehung zu Jesus kam. Aber es schmerzte mich, dass sie die Ehe meiner Eltern nie akzeptierten.

Meine Mutter litt von Anfang an unter ihrer Ablehnung und Kritik. Gleichzeitig schickten sie uns christliche Literatur. Der Widerspruch zwischen ihrem Glauben und ihrem Verhalten wirkte sich negativ auf unsere Familie aus. Die abschätzigen Kommentare meiner Mutter über diese «Frommen» ebenfalls. Dies hielt mich jahrelang davon ab, Jesus in mein Leben aufzunehmen.

Heute weiß ich, dass diese Verwandten, auch wenn sie nicht geschickt mit unserer Mutter umgingen, es gut mit uns meinten. Was hätte wohl geschehen können, wenn diese Vorbilder ihr mit Liebe und Verständnis statt mit Verurteilung begegnet wären?

In dieser Zeit der ersten Erfahrungen mit Gott besuchte ich eine Aufführung des Oratoriums «Messias» von Georg Friedrich Händel. Das Werk hatte mich schon jahrelang begleitet, aber nur deshalb, weil mich die Musik faszinierte. Nach dem Konzert traf ich eine Freundin, die davon überzeugt war, dass Händel beim Komponieren dieses Werkes von Gott «inspiriert» worden sei. Da durchfuhr mich der Gedanke: «Wenn die Musik von Gott inspiriert ist, wie sehr muss dann der biblische Text, der ihr zugrunde liegt, wahr sein.» Diese Erkenntnis wurde zu einem weiteren Schlüsselerlebnis auf meinem Weg zum Glauben an Jesus Christus.

Als ich von der Schweiz aus meiner Familie in den USA mitteilte, dass ich mein Leben künftig im Vertrauen auf diesen Herrn gestalten wolle, reagierte meine Mutter mit heftigen Worten. «Ann is Jesus crazy! – Ann ist Jesus-verrückt», erzählte sie der Familie. Als sie mir sagte, ich sei wie jene «frommen Verwandten» geworden, wusste ich, wie ablehnend sie meinem Glauben gegenüberstand. Das war für mich etwas vom Schlimmsten, was sie mir hätte sagen können, und es tat entsprechend weh.

Aber auch ich würde heute ganz anders mit ihr umgehen und mich viel mehr für sie und ihr Leben interessieren, statt auf eine Möglichkeit zu warten, mit ihr über den Glauben an Jesus zu reden. Ich schäme mich heute für mein damaliges Verhalten ihr gegenüber.

In ihren letzten Jahren wurde ich aufmerksamer und konnte ihr mit mehr Liebe begegnen, weil ich meine Angst vor ihr, die ich seit meiner Kindheit in mir trug, überwunden hatte. Ich lernte, ihr zu sagen, dass mich ihre negative Kritik verletzte. Sie verzichtete dann tatsächlich darauf.

Obwohl unsere Beziehung nie eine nahe wurde, versöhnte ich mich mit ihr. Das ermöglichte es mir zu sehen, wie einsam sie eigentlich war.

Als sie im Sterben lag, kamen bei ihr nochmals Schuldgefühle uns Töchtern gegenüber und Ängste aus ihrer Vergangenheit hoch. Es war für mich beruhigend, aus der Ferne zu hören, dass ihre Freundin mit ihr redete und betete, bevor sie starb. Gott hatte meine Gebete erhört und für meine Mutter gesorgt. Diese Erlebnisse haben mir gezeigt, dass Glaube und Liebe unzertrennlich zusammengehören.

4
Gottes Gegenwart erfahren

Kann Gottes Gegenwart im Alltag wirklich erlebt werden? Wie oft haben wir doch den Eindruck, als befänden wir uns nicht in seiner Gegenwart, sondern irgendwo «daneben». Und nicht selten scheint Gott weit weg zu sein.

Viele Menschen im Alten und Neuen Testament haben sich mit solchen Empfindungen auseinandergesetzt. «Zu dir, Herr, rufe ich, mein Fels, o wende dich nicht schweigend von mir ab!», schrie David in seiner Verzweiflung (Psalm 28,1). Und der Psalmist Asaph betete: «O Gott, halte dich nicht zurück, verharre nicht im Schweigen und bleibe nicht ruhig, o Gott» (Psalm 83,2).

Dass das Leben in Gottes Gegenwart ein Lern- und Wachstumsprozess ist, bestätigen die Biographien vieler biblischer Gestalten.

In der Lebensschule Gottes

Mose ist für mich eine der faszinierendsten Persönlichkeiten des Alten Testaments.

Er lebte als kleines Kind «im Panzerhemd des Vertrauens» seiner Eltern. Was hatte er doch für eine wunderbare, tapfere Mutter! Sie rettete ihren Sohn vor der grausamen «Geburtenregelung» des Pharaos. Klug und mutig sorgte sie dafür, dass ihr Kind überlebte. Durch eine List brachte sie die Tochter dieses Herrschers dazu, dass sie ihr die Aufgabe als Amme ihres eigenen Kindes übertrug (2. Mose 2,1–10).

So konnte Mose während der ersten Zeit seines Lebens in seiner eigenen Familie mit allen Sinnen etwas von der Beziehung seiner Eltern zu Gott erfahren. Das spätere Leben am Königshof in heidnischer Umgebung vermochte offensichtlich nicht alle diese Eindrücke auszulöschen. Nur so ist es zu erklären, dass er als gestandener Mann das Bedürfnis hatte, «zu seinen Volksgenossen hinauszugehen und ihren Fronarbeiten zuzusehen» (vgl. 2. Mose 2,11). Er empfand sich als ein Mann aus dem Volk Gottes.

Nach seiner Flucht aus Ägypten lebte Mose vierzig Jahre lang als Hirte in der Sippe des Midianiterpriesters Jethro. Es wird nicht berichtet, dass er in jener Zeit die Gegenwart Gottes gesucht habe. Im Gegenteil. Gott suchte *ihn*, indem er ihn aus dem brennenden Dornbusch heraus ansprach. Und weil Mose die Beziehung zum Gott seiner Väter nicht mehr gepflegt hatte, musste sich dieser ihm wieder ganz neu zu erkennen geben. Vielleicht kamen jetzt längst vergessene Erinnerungen aus dem Leben mit seinen Eltern in ihm hoch. Nach langem Zögern nahm er schließlich den Auftrag an, das Volk Israel aus Ägypten zu führen. Damit begann ein Leben in Gottes Gegenwart. Es war ein Lern- und Erkenntnisprozess.

Viele Jahre später konnte er auf tiefe Begegnungen mit Gott zurückblicken. Eine solche Erfahrung wird in 2. Mose 34,29 beschrieben: «Als Mose dann vom Berge Sinai hinabstieg, die beiden Gesetzestafeln in der Hand, wusste er nicht, dass die Haut seines Angesichts infolge seiner Unterredung mit dem Herrn strahlend geworden war». Der Grund für diese Veränderung ist im vorausgehenden Kapitel erwähnt: «Der Herr redete mit Mose von Angesicht zu Angesicht, wie jemand mit einem Freund redet» (2. Mose 33,11).

Umgestaltung

Im Neuen Testament deutet Paulus in einem Bild etwas von dem an, was Mose erlebte: «Wir alle aber, die wir mit unverhülltem Angesicht die Herrlichkeit des Herrn widerspiegeln, werden dadurch in sein Ebenbild umgestaltet von Herrlichkeit zu Herrlichkeit» (2. Korinther 3,18). Umgestaltung ist allerdings kein bewusster Lernprozess. Sie geschieht an uns. Wir können aber lernen, in Gottes Nähe zu bleiben und immer wieder das Gespräch mit ihm aufzunehmen. Vielleicht wollte Jesus seinen Jüngern dies ans Herz legen, als er ihnen sagte: «Bleibt in mir, so bleibe ich in euch. Wie die Rebe nicht von sich selbst aus Frucht bringen kann, wenn sie nicht am Weinstock bleibt, so könnt auch ihr es nicht, wenn ihr nicht in mir bleibt. Ich bin der Weinstock, ihr seid die Reben; wer in mir bleibt und in wem ich bleibe, der bringt reichlich Frucht; dagegen ohne mich [das heißt: getrennt von mir] könnt ihr nichts vollbringen» (Johannes 15,4–5).

Die Umgestaltung, von der Paulus spricht, ist kein reines Privatereignis. Sie hat Auswirkungen auf die Umgebung. Wo Christen sich nicht einfach in die Gemeinschaft von Gleichgesinnten zurückziehen, sondern ihre Verantwortung in ihrer näheren Umgebung und in der Gesellschaft wahrnehmen, gehen Impulse von ihnen aus, die Veränderungen bewirken.

Dies spricht der Apostel an, wenn er im selben Kapitel schreibt: «Ihr seid ein Brief, den Christus selbst verfasst hat und der durch unseren Dienst zustande gekommen ist. Er ist nicht mit Tinte geschrieben, sondern mit dem Geist des lebendigen Gottes, und die Tafeln, auf denen er steht, sind nicht aus Stein, sondern aus Fleisch und Blut; es sind die Herzen von Menschen» (2. Korinther 3,3).

Wie könnte das in unserem Leben aussehen? Erinnern wir uns noch einmal daran, was in einer Familie auf der Beziehungsebene geschieht: Kinder ruhen vorerst einmal im Glauben ihrer Eltern. Das Kind in den Armen seiner Mutter oder auf den starken Schultern seines Vaters verändert sich durch die Anwesenheit, durch das Da-Sein und das So-Sein seiner Eltern. Wie dies im gelebten Alltag vor sich geht, ist nicht so entscheidend. Es hängt von der Eigenart, den Bedürfnissen und dem Entwicklungsstand der Beteiligten ab. In der Umarmung des Kindes, im aufmerksamen Gespräch mit dem Heranwachsenden, in der ausgelassenen Freude mit den Kindern, aber auch in der stillen Besinnung oder dem gemeinsamen Fest machen wir gegenseitig Erfahrungen der Nähe und des Geborgenseins. Genau so ungezwungen und lebensnah kann es auch sein, in Gottes Gegenwart zu leben, in Jesus zu bleiben.

Dass es dabei um einen Lernprozess geht, wird mir bewusst, wenn ich auf mein eigenes Heranwachsen im Glauben zurückschaue.

Im Alter von fünfzehn Jahren bewegte mich eine Predigt über Johannes 10,11 sehr stark: «Ich bin der gute Hirt! Der gute Hirt gibt sein Leben für die Schafe hin.» Ich entschloss mich, mein Leben diesem guten Hirten anzuvertrauen. Damals bestand mein Versuch, ein Leben in Gottes Gegenwart zu führen, vor allem im Bemühen, jeden Tag in der Bibel zu lesen, die gewonnenen Erkenntnisse im Alltag umzusetzen und täglich zu beten. So hatten wir es in der Jugendgruppe gelernt. Im Vordergrund stand der Wille, etwas für Gott zu tun.

Dass dieser gute Hirte aber vor allem an einer Beziehung zu mir interessiert war, wurde mir erst viel später bewusst. Anfänglich war es mir darum gegangen, den biblischen Anweisungen gehorsam zu sein. Mit der Zeit wurde der Pflichtanteil meiner Gottesbeziehung immer geringer, und die Freude an der Tatsache, dass es Gott gut mit mir meint, nahm zu. Dann verblasste die Vorstellung, dass ich im Glauben etwas zu leisten hätte, um Gottes Zuwendung zu erhalten. Das Evangelium wurde zunehmend zur Frohbotschaft der bedingungslosen Liebe Gottes zu mir.

Allerdings merkte ich, dass es schwieriger war, mich auf eine vertrauliche Beziehung zu diesem Herrn einzulassen, als eigenständig meine vermeintlichen Pflichten Gott gegenüber zu erfüllen. Ich musste lernen, meine guten Vorsätze und schließlich mich selbst loszulassen. Der Gehorsam gegenüber Gott wurde durch diesen Prozess nicht einfach ausgeblendet, sondern verwandelt. Die Umsetzung biblischer Hinweise im

Alltag erfolgte zusehends aus Dankbarkeit für die empfangene Güte Gottes.

Dann veränderte sich auch mein Beten, das bisher weitgehend aus einseitigem Reden mit Gott bestanden hatte. Heute erlebe ich das Gespräch mit dem himmlischen Vater als Ausdruck der Verbundenheit mit ihm und zunehmend auch als nonverbales, beglückendes Dasein vor Gott.

Und nun stellen sich Fragen: War es *mein* Entschluss, «mein Leben diesem guten Hirten anzuvertrauen»? Oder hat *er* mich gesucht? Wie weit bewirkte *Gott* in mir eine Umgestaltung? Wie groß war das Gewicht meiner *eigenen* Entscheidungen? Wie stark wirkte das Vorbild meiner Eltern auf meine innere Entwicklung? Die Fragen können nicht beantwortet werden. Eine Antinomie wie in Philipper 2,12 und 13!

Meine Beziehung zu Gott entwickelte sich ähnlich. Als Kind ging ich mit meiner Familie in die Kirche. Ich bin dankbar für diese Erfahrungen. Dadurch bildete sich in mir ein tiefer Respekt vor der Heiligkeit Gottes. Einmal feierten wir mit der Sonntagsschule Ostern in einer kleinen Kapelle unserer Kirche. Ich war von der Nähe Gottes so bewegt, dass ich dieses Gefühl jetzt noch hervorrufen kann. Kürzlich träumte ich davon. Im Traum stand ich in der Kirche und wurde von einem Gefühl der Gegenwart Gottes überwältigt. Das löste in mir Ehrfurcht aus.

Als ich entdeckte, was Jesus Christus mir bedeutete, war ich bereits erwachsen. Allerdings geriet ich in meinem Bibellesen und Beten unter den Druck einer inneren Pflicht. Wenn ich sie nicht erfüllte, plagten mich Schuldgefühle. Ich merkte, dass dies mit meiner Jugendzeit zu tun hatte: Wenn ich jeweils den Erwartungen meiner Mutter nicht entsprach, wurde ich bestraft.

Wie schade für all diese Jahre! Je mehr ich begriff, dass es im christlichen Glauben nicht in erster Linie darum geht, Gottes Gebote zu erfüllen, sondern die Beziehung zu ihm zu pflegen, desto geringer wurde der Druck der religiösen Pflicht. Mein Anliegen, im Vertrauen zu Gott zu wachsen, verstärkte sich. Ich lernte zu verstehen, dass eine Beziehung zwischen zwei Personen Zeit braucht: um miteinander auszutauschen, aufeinander zu hören, einander zu ermutigen, sich tiefer kennen zu lernen und einander eine Freude zu bereiten. So geht es mir nun auch in meinem Verhältnis zu Gott.

Heute liebe ich es, in der Bibel zu lesen. Wenn ich nicht dazu komme, vermisse ich es. Durch die Bibel redet Gott zu mir, auch wenn ich noch lange nicht alles verstehe. Es gibt kein Buch wie sie. Sie drückt Gottes Liebe zu uns in menschlichen Worten aus. Natürlich spricht sie nicht immer gleich stark zu mir. Es fasziniert mich, Texte in ihrem Zusammenhang zu lesen, um daraus zu erkennen, wie ich sie im Alltag umsetzen kann. Meine Ausbildung am Theologisch-Diakonischen Seminar Aarau gab mir Werkzeuge mit, um tiefer im Wort Gottes zu graben.

Es ist interessant, wie meine Bibelkenntnisse meine Gebete prägen und meinen Glauben stärken. Wenn es in meinem Alltag stürmt, erinnere ich mich daran, dass Jesus im Boot mit seinen Jüngern war und den Sturm stillte. So ist er auch mit mir im Boot in den Stürmen meines Lebens. Er wird sie auf seine Weise stillen. Das hilft mir, meine Ängste auszuhalten und mich zu beruhigen, bis er eine Lösung findet. Dasselbe gilt für meine Fürbitte. Ich darf die Menschen, die mir auf dem Herzen liegen, bewusst in Gottes Gegenwart stellen, weil ich überzeugt bin, dass Gott gerne hilft (Psalm 13,6). Wie dies geschieht, ist seine Sache.

Solche Erfahrungen mache ich zum Beispiel, wenn eines unserer Kinder oder Enkelkinder durch eine schwierige Zeit geht. Am liebsten würde ich dann helfend eingreifen. Ich tue, was mir möglich ist, aber ich will und kann es ihnen nicht abnehmen. Dann mache ich aus Psalm 37,5 ein Gebet: Ich wälze die Last meines Weges auf den Herrn, und ich ruhe im Vertrauen auf ihn, weil er handeln wird. Das hilft mir, Kinder und Enkel an Jesus abzugeben und ihre Probleme nicht selber zu tragen.

Von Natur aus bin ich ängstlich und mache mir schnell Sorgen. Weil ich als Älteste aufgewachsen bin, meine ich immer noch, für alle und alles verantwortlich zu sein. Deshalb stärke ich mich, indem ich mir den Leitvers unserer «Stiftung Gott hilft», Matthäus 6,33, vor Augen halte: «Gebt nur Gott und seiner Sache den ersten Platz in eurem Leben, so wird er euch auch alles geben, was ihr nötig habt.»

Wenn ich mit Worten aus der Bibel bete, wende ich meine Gedanken und die Sorgen von mir weg und übergebe sie Jesus. Er sagt, dass er alle Macht im Himmel und auf Erden habe (Matthäus 28,18). In Situationen, in denen es keinen Ausweg zu geben scheint, denke ich jeweils: «Das ist ein Fall für Gott. Es wird spannend sein zu sehen, wie er einen Weg findet.»

Früher hätte ich solche Aussagen als «Rezepte» verstanden: «Du musst nur das Wort Gottes zitieren, dann werden deine Probleme verschwinden.» Nun erkenne ich, dass ein liebender Gott hinter seinem Wort steht. Er interessiert sich für alle Aspekte meines Alltags und will mich durch das Leben begleiten. Jahrelang hatte ich Angst, ihm jeden Bereich meines Lebens zu überlassen, weil ich dachte, ich hätte dann keine Freiheit mehr, mich zu entfalten. Noch schlimmer: Ich fürchtete, dass er mich zwingen würde, etwas zu tun, was ich nicht wollte.

Als ich mich endlich überwand und mich ihm ganz zur Verfügung stellte, erlebte ich genau das Gegenteil! Ich hatte den Eindruck, immer mehr die Person zu werden, die Gott vor Augen hatte, als er mich ins Leben rief. Seither fühle ich mich freier, ich selbst zu sein, und ich werde eigenständiger. Ein Geheimnis Gottes? Ich versuche, mich jeden Tag in seine Hände zu geben, und bitte ihn, mich zu führen und mich genau so einzusetzen, wie ich bin. Weil es in Matthäus 28,20 heißt: «Ich bin bei euch alle Tage bis ans Ende der Welt», rechne ich jetzt damit, dass Jesus selbst mich überall begleitet. Dies bedeutet es für mich, in Gottes Gegenwart zu leben.

5
Hörhilfen für das Gespräch mit Gott

Freundschaft mit Jesus

Viele Männer und Frauen im Alten und im Neuen Testament erlebten dasselbe wie Mose: Gott sprach unmittelbar zu ihnen. Sie bekamen im persönlichen Gespräch Ermutigung, Wegweisung oder einen bestimmten Auftrag. Ich kenne nur wenige Menschen unserer Zeit, die im Laufe ihres Lebens so direkt, wie Mose es erfuhr, von Gott angesprochen wurden. Er hat aber eine Fülle von Möglichkeiten, mit uns zu reden oder uns Antworten auf unsere Fragen zu geben.

Manchmal ereignet sich im Hören auf Gott etwas, das Ehepartner, die in Liebe und gegenseitigem Vertrauen miteinander verbunden sind, ansatzweise auch erleben. Eines Tages entdecken sie, dass ein tiefes Verständnis oder so etwas wie ein Zwiegespräch auch ohne Worte möglich ist. Sie stellen fest, dass sie sich oft ohne Absprache mit dem gleichen Gedanken beschäftigen, dass in ihnen dieselbe Erinnerung hochkommt oder ihnen die gleiche Person vor Augen steht. «Gerade dies wollte ich dir eben auch mitteilen», sagen sie dann zueinander.

Ähnliches geschieht im täglichen Umgang mit Gott. Das Bewusstsein seiner Gegenwart und das Vertrauen darauf, dass er uns «auf rechtem Weg führt» (Psalm 23,3), macht uns hellhörig für Gottes Stimme. Dass dies nicht nur ein frommer Wunsch, sondern auch göttliche Absicht ist, deutet Jesus im Gespräch mit seinen Jüngern an: «Ich nenne euch nicht mehr Knechte, denn der Knecht hat keine Einsicht in das Tun seines Herrn; vielmehr habe ich euch Freunde genannt, weil ich euch alles kundgetan habe, was ich von meinem Vater gehört habe» (vgl. Johannes 15,15). Die Beziehung zu seinen Jüngern ist sozusagen das Abbild seines Verhältnisses zu seinem Vater. Die Entfaltung unserer Persönlichkeit und unser Wachstum im Glauben stehen deshalb in engem Zusammenhang mit einer Vertiefung der Freundschaft mit Jesus.

Deutlichster Ausdruck der Freundschaft des Meisters mit seinen Jüngern war das Gespräch mit ihnen. Die Bildrede vom Hirten macht deutlich, dass dieser Austausch das ganze Leben umfasst: «Meine Schafe hören auf meine Stimme, und ich kenne sie, und sie folgen mir nach; und ich gebe ihnen ewiges Leben, und sie werden in Ewigkeit nicht umkommen, und niemand wird sie meiner Hand entreißen» (Johannes 10,27 und 28).

Im Zusammenleben mit seinen Jüngern zeigt uns Jesus, dass es in der Freundschaft mit ihm um mehr als um eine emotionale Beziehung geht. Dies kommt zum Beispiel im letzten persönlichen Gespräch des Meisters mit seinem Jünger Petrus zum Ausdruck (Johannes 21,15ff.). Es erfolgt wenige Tage nach jener unheilvollen Nacht, in der Petrus dreimal seine Freundschaft mit Jesus geleugnet und den Umstehenden versichert hat, dass er nichts mit dem verhafteten Propheten aus Nazareth zu tun habe. Nun erweist sich, dass das Band der Freundschaft mit Jesus stärker ist als das Versagen seines Jüngers. Die Begegnung ist ein Zeichen der Wahrhaftigkeit, aber auch der Zuneigung und der Verlässlichkeit des Meisters.

Die Wahrhaftigkeit zeigt sich daran, dass Jesus nicht einfach ein Auge zudrückt und zur Tagesordnung übergeht. Mit seiner dreimaligen, ungeschützten Frage nach der Liebe des Petrus zu ihm deutet er nochmals die notvolle Geschichte des dreifachen Verrats an. Aber die Art und Weise, wie er das tut, ist ein Zeichen seiner Zuneigung und Liebe.

Die Freundschaft mit Jesus ist aber auch verlässlich. Der Meister steht auch weiter hinter seinem Jünger. Er hält ihm trotz seines Versagens die Treue, gewährt ihm einen neuen Anfang und erteilt ihm sogar eine besondere Verantwortung für die Mitjünger und die künftige Gemeinde. Welcher Chef würde einen Mitarbeiter befördern, der sich eben den größten Flop seiner Karriere geleistet hat?

Das seelsorgerliche Gespräch am See Genezareth macht aber auch deutlich, dass die Freundschaft mit Jesus eine ganz persönliche Angelegenheit ist. Die Begegnung endet mit einem Misston. Als sich Johannes den beiden nähert, kommen in Petrus alte Gefühle der Konkurrenz und Eifersucht hoch. «Was ist denn mit diesem hier?», fragt er seinen Meister. Nun gibt ihm Jesus deutlich zu verstehen, dass seine Freundschaft allen gilt und er seine Jünger ganz individuell führt: «Folge *du* mir nach!»

Schon im Alten Testament hatten die Menschen das Bedürfnis, von Gott Weisungen zu empfangen. Auch wir bitten ihn in Zeiten der Ungewissheit, zum Beispiel im Blick auf Entscheidungen in Familie und Beruf, um seine Führung. Ich kenne zwar keine Texte, die erkennen lassen, nach welcher *Methode* Gott zu seinen Menschen spricht. Biblische Geschichten und die Erfahrungen unzähliger Christen zeigen aber, dass er in vielfältiger Weise zu uns redet.

Ich habe den Eindruck, dass Gott den Zugang zu uns dort findet, wo wir von unserer Begabung oder inneren Sensibilität her offen für sein Reden sind. Wenn er zu uns spricht, respektiert er gewissermaßen unsere «Konstruktion». Wir tun deshalb gut daran, uns zu überlegen, in welcher Weise wir in der Vergangenheit von Gott angesprochen wurden. Wahrscheinlich werden wir dann so etwas wie einen roten Faden finden, der uns zeigt, wo wir eine Affinität, ein Sensorium für das Hören seiner Stimme haben. Mit einigen dieser Möglichkeiten werden wir uns nun beschäftigen.

Stirnlampe gegen Stolpersteine

Schon früh in meinem Leben war es mein Wunsch, Gottes Willen zu erkennen. Die Hinweise der Vorbilder meiner Jugendzeit ließen mich annehmen, dass Gott sozusagen ausschließlich durch die Bibel, sein wichtigstes Führungsinstrument, zu mir redet. Psalm 119,105: «Dein Wort ist meines Fußes Leuchte und ein Licht auf meinem Wege», bestätigte mir: Das Wort Gottes ist wie eine Stirnlampe, die uns im unübersichtlichen Gelände oder auf dunklen Abschnitten unseres Lebens den Weg weist.

Ein Mitarbeiterehepaar der «Stiftung Gott hilft», das etliche Jahre lang eines unserer Gästehäuser leitete, hatte im Verlaufe seiner Ehe in wichtigen Entscheidungen meist Hinweise durch einen Bibeltext bekommen. Seit ihrer Verheiratung war es ihr Wunsch gewesen, nach einer intensiven Gemeindearbeit einmal ein solches Haus zu führen. Deshalb baten sie Gott um seine Wegweisung. Sie bekamen auch eine Antwort, und zwar durch folgenden Bibeltext: «Während Petrus noch immer über das Gesicht nachdachte, sagte der Geist zu ihm: ‹Da sind drei Männer, die dich suchen. So stehe nun auf, gehe hinunter und mache dich mit ihnen ohne Bedenken auf den Weg!›» (Apostelgeschichte 10,19 und 20). Mit diesem Text, der ihnen in der kommenden Zeit noch mehrmals begegnete, konnten sie allerdings nichts anfangen. Schließlich legten sie ihn beiseite.

Eines Tages erhielten sie vom Präsidenten der «Stiftung Gott hilft» einen Brief, in dem es hieß: «Wir suchen für unser Bibelheim in Seewis ein neues Leiterehepaar. Sie sind uns empfohlen worden … Sollte dieser Brief in Ihnen etwas ansprechen, so wären wir drei (es folgten die Namen der drei Leitungsmitglieder) gerne bereit, bei Ihnen vorbeizukommen …»

Die beiden Eheleute lasen diese Zeilen. Dann schauten sie einander überrascht an. Der Bibeltext, über den sie so lange ratlos nachgedacht hatten, ergab plötzlich einen Sinn: «Da sind drei Männer, die dich suchen … Mache dich mit ihnen ohne Bedenken auf den Weg.» Nach einer kurzen Zeit der Prüfung entschieden sie sich, die angebotene Berufung anzunehmen.

Direkte Impulse von Gott

Mitten in einer Ferienzeit mit unseren Kindern, weit weg von zu Hause, sagte meine erste Frau Heidi beim Aufwachen mit Nachdruck: «Heute muss jemand von uns Annemarie besuchen.» Annemarie war die junge Frau eines Freundes, die kurz nach ihrer Verheiratung an Krebs erkrankt war. Nun lebte sie seit Monaten abwechselnd zu Hause und in der Klinik, immer in der Hoffnung, bei ihrem Mann und ihrem kleinen Sohn bleiben zu können.

Weshalb kam Heidi ausgerechnet an diesem Morgen auf einen solchen Gedanken? Ich versuchte, sie davon abzubringen, weil wir jetzt doch so weit von unseren Freunden weg waren. Wir könnten ja auf dem Heimweg aus den Ferien bei ihnen vorbeigehen. Aber meine Frau blieb bei ihrer Überzeugung, dass es an diesem Tag sein müsse. Schließlich einigten wir uns darauf, dass sie bei den Kindern bleiben und ich am frühen Nachmittag fahren sollte.

Vor der Einfahrt in die Stadt hielt ich an. Ich wollte der schwer kranken Frau ein Wort des Zuspruchs mitbringen. Nach kurzem Suchen stieß ich in meiner Bibel auf den Psalmvers: «Meine Zeit steht in deinen Händen» (Psalm 31,16). Ich rief unsere Freunde an, um ihnen mein Kommen anzumelden. Die Schwiegermutter war am Apparat und sagte mir, dass Annemarie wieder im Krankenhaus sei.

Als ich dort ankam, war die offizielle Besuchszeit eben zu Ende gegangen. Ich schritt durch die herausströmende Menge und fand in einer hoch gelegenen Etage das angezeigte Zimmer. Dann stand ich an ihrem Bett: «Annemarie, ich habe dir ein gutes Wort mitgebracht: ‹Meine Zeit steht in deinen Händen.›»

Sie blickte mich mit ihren großen, tief liegenden Augen an. «Ja, das ist ein gutes Wort.» Augenblicke später verlor sie das Bewusstsein. Nach einer Stunde ging ihr Leben zu Ende. Mein Freund und ich standen an ihrem Bett. Er dankte Gott für das Leben seiner Frau. Dann saßen wir schweigend beieinander, bis die Dunkelheit hereinbrach. Auf der Rückfahrt zu meiner Familie erfüllte mich Dankbarkeit darüber, dass ich trotz anfänglichen Zögerns den Eindruck meiner Frau ernst genommen hatte.

Drei Tage später fuhr ich zu Annemaries Beerdigung. Der Pfarrer las den Predigttext: «Meine Zeit steht in deinen Händen.»

Kooperation mit dem Heiligen Geist

Gottes Stimme hören und seinen Willen erkennen war auch für die jungen christlichen Gemeinden des ersten Jahrhunderts ein wichtiges Thema.

Beim Apostelkonzil in Jerusalem ging es um die Frage, wie weit für Heidenchristen das mosaische Gesetz verbindlich sein solle. Nach langen Verhandlungen, in denen Glaubenserfahrungen einzelner Apostel, Hinweise aus prophetischen Schriften und persönliche Überzeugungen ausgetauscht worden waren, kamen sie zu einem einmütigen Ergebnis. Dieses wurde allen Gemeinden (Apostelgeschichte 15,28) mit folgender Einleitung bekannt gegeben: «Es ist nämlich *des Heiligen Geistes und unser Beschluss*, euch keine weitere Last aufzubürden als folgende Stücke, die unerlässlich sind ...» (Hervorhebung vom Verfasser; andere Übersetzungsmöglichkeit: *«Es schien nämlich dem Heiligen Geist und uns gut ...»*)

Der Brief an die Gemeinden ist nicht nur ein Ausdruck der Einmütigkeit dieser Christen, sondern auch ein deutlicher Hinweis darauf, dass der Heilige Geist häufig keine fertigen Lösungen bereithält. Unsere Empfindungen, frühere Gotteserfahrungen, nüchterne Überlegungen, Hinweise von anderen Christen, biblische Aussagen usw. spielen in persönlichen Entscheidungen und im Leben einer Gemeinschaft oft eine wichtige Rolle. Auch unsere persönliche Verantwortung ist gefragt.

Die ersten Christen in Jerusalem hatten bei der Ersatzwahl eines Apostels sogar die Freiheit, nach einem gemeinsamen Gebet die Entscheidung durch das Los zu treffen (Apostelgeschichte 1,23–26).

Es fällt uns auf, dass die Gläubigen auch dann respektvoll miteinander umgingen, wenn sich ihre Eindrücke von Gottes Willen nicht deckten: Als Paulus am Ende seiner dritten Missionsreise ankündigte, dass er «im Geist gebunden» (andere Übersetzungsmöglichkeit: «im Innern unwiderstehlich getrieben») nach Jerusalem reisen müsse (Apostelgeschichte 20,22), reagierten einige seiner Mitarbeiter stark ablehnend. Sie «warnten Paulus *auf Eingebung des Geistes* wiederholt vor der Reise nach Jerusalem» (Apostelgeschichte 21,4; Hervorhebung vom Verfasser). Trotzdem konnten sie die Tatsache aushalten, dass sie in dieser wichtigen Frage unterschiedliche Erkenntnisse hatten. Und Paulus bekam wenig später die Bestätigung, dass sein für viele Mitchristen unerklärlicher Schritt richtig gewesen war. «In der folgenden Nacht aber trat der Herr zu Paulus und sagte: ‹Sei getrost! Denn wie du für mich in Jerusalem Zeugnis abgelegt hast, so sollst du auch in Rom Zeuge für mich sein›» (Apostelgeschichte 23,11).

Diese Textstellen ermutigen mich, es auszuhalten, dass Christen in meiner Umgebung Gottes Führung und das Wirken seines Geistes anders erleben als ich.

Vielleicht geht es Ihnen wie mir: Ich habe mir schon oft gewünscht, dass der Heilige Geist sozusagen «pur» (lupenreine Klarsicht!) oder «instant» (nullkommaplötzlich!) zu mir sprechen würde. Manchmal erleben wir es so. Das ist eindrücklich und ermutigend. Der Geist Gottes wirkt aber meist in Kooperation mit unseren natürlichen Gaben, im Zusammenhang mit den persönlichen Umständen in Familie und Beruf oder mit der Situation in unserer Kirche. Gott ist nicht Dramaturg einer Marionettenbühne, der seine Menschen ohne ihr Dazutun mit himmlischen Fäden lenkt. Er bezieht unsere Begabungen und unsere Kreativität mit ein. Was für ein Vorrecht!

Es ist allerdings auch möglich, dass wir uns in einer Sache, für die wir Gott um Rat gefragt haben, «im guten Glauben» falsch entscheiden. Trotzdem wird er zu uns stehen. Erich Schnepel, Pfarrer und langjähriger Leiter der Berliner Stadtmission, sagte uns einst im kleinen Kreis: «Ich weiß nicht mit Sicherheit, ob alle wichtigen Entscheidungen meines Lebens ganz mit Gottes Willen übereinstimmten. Ich denke aber, dass er aus ihnen das Beste gemacht hat.»

Ich habe zu Hause selten genug Ruhe, um auf Gott zu hören. Deshalb plane ich regelmäßig eine zweitägige Auszeit in einem Haus der Stille. Da nehme ich mir bewusst mehr Zeit, um die Bibel zu lesen, Gott anzubeten und zu hören, ob er mir etwas Bestimmtes sagen will. Oft stelle ich ihm Fragen, die mich beschäftigen. Oder ich bitte Gott um ein ermutigendes Wort für eine andere Person. Was mir in den Sinn kommt, schreibe ich in mein Tagebuch. Auf diese Weise führe ich Gespräche mit ihm. Manchmal lässt er eine Erinnerung hochkommen, durch die er mir zeigt, wo ich Heilung oder Vergebung brauche. Diese Gespräche genieße ich sehr. Ich prüfe alles, was ich zu hören glaubte und aufgeschrieben habe.

Vor einigen Jahren litt ich unter einem Erschöpfungszustand und verlor meine Stimme. Als ich mich für eine Woche allein zurückzog, wurde es mir bewusst, dass nicht nur der Körper Erholung nötig hat. Emotional braucht auch die Seele Freude, um wieder auftanken zu können. Und Gottes Wort ist eine Stärkung für den Geist.

Im Alltag bin ich ebenfalls «auf Empfang», falls Gott mir etwas sagen will. Wenn ich ihm mein Leben jeden Tag zur Verfügung stelle, rechne ich damit, dass er mich führt: beim Waschen, Einkaufen, Kochen, bei Besuchen und in den Beratungen. Häufig kommen mir dabei Gedanken, die ich (meistens!) ernst nehme.

Einst hatte ich vor, über Weihnachten meine Familie in den USA zu besuchen. Vorher beschäftigte ich mich mit passenden Geschenken für alle. Drei Monate vor der Reise kam mir der Gedanke: «Bring deinen sieben Nichten und Neffen ein Neues Testament.» Ich erschrak: «Ich, die ich jeweils warte, bis ein Mensch sich öffnet, bevor ich mit ihm über den Glauben rede, soll ohne Vorbereitung Neue Testamente verschenken? Das kann nicht sein!» Ich ignorierte die Idee. Aber sie kam wieder und wieder und wieder.

Zuletzt begann ich mit Gott zu verhandeln und sagte zu ihm: «Okay, ich bin bereit, ein kurzes Buch über den christlichen Glauben mitzunehmen. Ich werde in eine christliche Buchhandlung gehen und *das* Buch kaufen, von dem sieben Exemplare auf Englisch vorhanden sind.» Als ich im Geschäft die englischen Bücher anschaute, gab es nur von einem einzigen Buch sieben Exemplare: Es war das Neue Testament! Laut lachend nahm ich sie und dachte: «Okay, Jesus, du hast gewonnen!» Ich packte die einzelnen Exemplare zusammen mit einer feinen Schweizer Schokolade ein und verschenkte sie. Dann gab ich die Sache aus der Hand. Entscheidend für mich war, dass ich tat, was Gott mir gesagt hatte. Seither höre ich bewusster auf solche Impulse, auch wenn ich oft nicht verstehe, weshalb ich etwas tun soll.

Vor kurzem reiste ich im Zug von Bern nach Zürich. In einem Abteil saß ein älteres Ehepaar aus einem mir unbekannten Land. Wahrscheinlich waren sie von weit her gereist und hatten keinen Proviant bei sich. Der Mann ging mit einer leeren Flasche durch das Abteil und bat andere Reisende um Wasser. Plötzlich hatte ich den inneren Eindruck, ich sollte für sie etwas zu essen und zu trinken besorgen.

Ich entschloss mich: «Sobald die Minibar vorbeikommt, kaufe ich etwas.» Aber sie erschien einfach nicht. So ging ich in den Speisewagen. Erstaunt schauten mich die beiden mit ihren dunklen Augen an, als ich ihnen den Imbiss hinstellte. Es dauerte nicht lange, bis sie zu essen begannen. In Zürich stiegen sie mit ihrem Gepäck aus und verschwanden in der Menschenmenge. Das war für mich etwas Einmaliges. Ich rätsle noch immer, was diese Begegnung zu bedeuten hatte.

6
Vergebung und Versöhnung

Meine Frau hat mich eben angerufen, ich solle doch auf dem Heimweg noch ein Brot zum Abendessen kaufen. Es ist kurz vor Ladenschluss. Weil die Verkaufsregale im Einkaufszentrum umgestellt worden sind, suche ich eine Weile vergeblich. Dann schaue ich mich etwas hilflos um. Nicht weit von mir entfernt kniet ein Verkäufer mittleren Alters vor einem Regal. Ich trete von hinten auf ihn zu: «Entschuldigen Sie bitte, könnten ...»

Der Mann fährt zusammen und dreht sich entsetzt um. «Es tut mir leid, ich wollte Sie nicht erschrecken», entschuldige ich mich. Nun atmet der Verkäufer tief durch. Dann antwortet er: «Ich bin nicht erschrocken, weil Sie mich angesprochen haben. Aber Ihre Stimme klingt wie die meines früheren Lehrers!»

Auf dem Weg zur Kasse geht mir durch den Kopf: «Was muss dieser Mann als Kind erlitten haben, dass er etwa dreißig Jahre nach seinem Schulabschluss noch dermaßen erschrickt, wenn er unvermittelt die Stimme seines Lehrers zu hören meint.»

Und schon sind wir mitten im Thema.

Vergebung ist ein Entschluss: «Ich entlasse ihn aus seiner Schuld.»

Eigentlich sollte es für Petrus klar sein. Er war ja dabei, als einer seiner Mitjünger Jesus gebeten hatte: «Herr, lehre uns beten» (Lukas 11,1). Und er weiß noch ganz genau, was ihn damals so betroffen machte, als Jesus ihnen ein Gebet vorsprach: «... und vergib uns unsere Schulden, wie auch wir vergeben jedem, der sich an uns verschuldet» (vgl. Lukas 11,4). Dieses Wort blieb ihm unauslöschlich in Erinnerung. Verständlich, dass der ungestüme, aufbrausende und oft vorschnelle Jünger eines Tages mit der Frage zu seinem Meister kommt: «Herr, wie oft darf mein Bruder gegen mich sündigen, dass ich ihm zu vergeben habe? Bis zu siebenmal?» (vgl. Matthäus 18,21).

Wahrscheinlich hat Petrus in der Zwischenzeit die schmerzliche Erfahrung gemacht, dass seine Vergebungsbereitschaft sehr begrenzt ist. Ich stelle mir vor, dass sich dies vor allem im Umgang mit seinem größten Konkurrenten im Jüngerkreis zeigt. Dieser will immer so nahe bei Jesus sein. Das regt ihn auf. In den vergangenen Jahren sind sie häufig aneinandergeraten. Sie haben sich gegenseitig verletzt, dann längere Zeit gemieden, um schließlich erneut Frieden zu schließen. Nachher war es scheinbar wieder gut zwischen ihnen, aber nur bis zum nächsten Anlass für einen Streit. Nun hat Petrus die Nase voll. Seine Gedanken kreisen immer um dasselbe Thema. «Einander vergeben! Grundsätzlich sollte ich das ja bis zu einem gewissen Maß schaffen. Wir haben es auch immer wieder miteinander versucht. Aber nun bin ich am Ende meiner Geduld.»

So kommt es zur Frage an seinen Meister: «Herr, wie oft darf mein Bruder gegen mich sündigen, dass ich ihm zu vergeben habe? Bis zu siebenmal?» Die Antwort Jesu ist ernüchternd: «Ich sage dir: Nicht bis zu siebenmal, sondern bis siebenundsiebzigmal» (vgl. Matthäus 18,22). Petrus kann es nicht fassen! Und es wird ihm bewusst, dass er das nie und nimmer schaffen wird, wie sehr er sich auch bemüht.

Schaffen *wir* es? Jemandem zu vergeben oder um Vergebung zu bitten ist das Ergebnis eines persönlichen Entschlusses. Die Bereitschaft dazu hängt aber nicht nur von unserem Willen, sondern auch von den Erfahrungen ab, die wir in unserer Herkunftsfamilie machten. Dort wurde Vergebung entweder ernst genommen und praktiziert oder aber vernachlässigt. Vielleicht erlebten wir, dass es zu Hause vor allem darum ging, den Schuldigen zu ermitteln und anschließend eine Strafe zu verhängen, bevor man wieder zur Tagesordnung überging. Oder die Schuld wurde unter den Teppich gekehrt und galt dann als erledigt. Allenfalls gewöhnte man sich an eine formelle Entschuldigung ohne innere Anteilnahme. Vielleicht nicht ganz so krass wie bei jenem Schüler, den ich auf dem Pausenplatz einer Schule beobachtete. Er trat einem seiner Kollegen vorsätzlich mit voller Wucht ans Schienbein und ließ im gleichen Moment ein «Tschuldigung» fallen.

Es kann aber auch sein, dass wir als Kinder erlebten, wie man in der Familie spontan aufeinander zuging, um sich zu entschuldigen oder um Vergebung zu bitten.

Wenn wir von Gott Vergebung empfangen haben, führt das nicht automatisch dazu, dass wir Menschen werden, die vergeben können. «Ich werde ihm vergeben, wenn er zu mir kommt und sich entschuldigt», sagen wir dann vielleicht. Aber auch für diesen Fall legt Jesus die Latte recht hoch: «Wenn dein Bruder sündigt, so halte es ihm vor [andere Übersetzungsmöglichkeit: ‹so weise ihn zurecht›]. Und wenn es ihn reut, vergib ihm. Und wenn er siebenmal des Tages an dir sündigen würde und siebenmal wiederkäme zu dir und spräche: ‹Es reut mich!›, so sollst du ihm vergeben» (Lukas 17,3 und 4).

Und wenn er nicht von sich aus kommt? Es ist erstaunlich, dass Petrus diese Frage nicht stellt. Er wird später erfahren, dass sein Meister am Kreuz ohne jede Vorbedingung um Vergebung für seine Peiniger bittet (Lukas 23,34). Das zeigt mir, dass Vergebung nicht in erster Linie eine Sache zwischen mir und der an mir schuldig gewordenen Person ist. Es geht vor allem um eine Angelegenheit zwischen mir und Gott. Vergeben heißt, in der Gegenwart Gottes den Entschluss fassen: «Herr, ich entlasse sie aus ihrer Schuld.»

Nun ist die Sache zwischen mir und Gott in Ordnung. Aber auch zwischen mir und der an mir schuldig gewordenen Person ist sie erledigt. Ob diese ihre Schuld einsieht oder nicht, ob sie auf mich zukommt und um Entschuldigung bittet oder nicht, ist nicht so entscheidend. Die Vergebung ist vollzogen. Sie ist zwar nicht ohne Schmerzen vor sich gegangen, aber sie hat mich innerlich befreit.

Echte Vergebung ist nicht billig. Sie kann unsere Kräfte gehörig herausfordern, weil wir zuerst wichtige innere Schritte zu vollziehen haben. Am Anfang stehen wahrscheinlich Wut und Trauer. Es schmerzt uns, dass wir verletzt worden sind. Deshalb dürfen wir *anklagen*, das heißt wir konfrontieren direkt oder in unserer Vorstellung die Person, die an uns schuldig wurde. Damit bringen wir zum Ausdruck, dass uns Unrecht geschehen ist. Noch mehr: Wir *klagen*, bis alle bitteren Gefühle ausgesprochen sind. Nun können wir den ganzen Bettel bei Gott deponieren: «Ich entlasse sie aus ihrer Schuld.» Das lässt uns befreit aufatmen.

Es gibt allerdings Situationen im Leben eines Menschen, die so traumatisch waren, dass es ihm über eine längere Zeit unmöglich ist zu vergeben. Ich denke dabei besonders an Menschen, die jegliche Art von Missbrauch erlebten, seien es sexuelle Übergriffe, Psychoterror, körperliche Gewalt oder geistlichen Missbrauch. Dasselbe gilt auch für Kindersoldaten und Kriegsopfer, die zusehen mussten, wie Menschen ermordet wurden.

Solche Erlebnisse hinterlassen eine Spur der Verwüstung in Körper, Seele und Geist. Das Vertrauen in Menschen und in Gott ist meist erschüttert. In ihrer Gefühlswelt kann ein Durcheinander von Wut, Trauer, Angst, Depression, Hoffnungslosigkeit und Enttäuschung entstehen. Oft wird eine Art gefühlsloser Starre ausgelöst. Einen traumatisierten Menschen begleiten heißt, sehr einfühlsam und vorsichtig sein zu müssen, weil er es in der Vergangenheit immer wieder erlebt hat, dass andere seine Grenzen nicht respektierten.

Ich möchte versuchen, dies bildlich darzustellen: Jeder Mensch hat in seiner Seele einen Blumengarten, der von einem Zaun umgeben ist. Missbrauch geschieht, wenn jemand diesen Zaun durchbricht, hineinstürmt und alle Blumen zertrampelt. Zurück bleiben geknickte, am Boden zerstörte Pflanzen und ein niedergerissener Zaun.

Eine innerlich schwer verletzte Person braucht viel Zeit, um neues Vertrauen in Menschen und in Gott zu fassen. Erst dann kann ein Heilungsprozess in Gang kommen. Wer zu früh von Vergebung spricht, kann Druck aufsetzen. Das ist kontraproduktiv. Ich meine: Je mehr eine Person Heilung erfährt, desto mehr wächst die Bereitschaft, in einen Versöhnungsprozess einzusteigen. Mit der Zeit ist es sogar möglich, den schützenden Zaun wieder aufzurichten.

Auch die Erfahrung, dass andere *uns* aus der Schuld entlassen, wirkt befreiend. Beim Eintritt in meinen beruflichen Ruhestand verabschiedete ich mich mit einem Brief von allen meinen Mitarbeiterinnen und Mitarbeitern. Ich dankte ihnen für die langjährige Zusammenarbeit. Gleichzeitig bat ich, sie möchten auf mich zukommen, wenn zwischen ihnen und mir noch etwas Unbereinigtes stehen würde. Zwei von ihnen ergriffen diese Gelegenheit und sagten mir, wo sie sich von mir nicht verstanden gefühlt hatten oder verletzt worden waren. Diese Begegnungen wirkten für alle Beteiligten entlastend.

Oft ist die Freiheit, die uns der Schritt in die Vergebung bringt, noch etwas eingeschränkt. «Ich habe nun vergeben, aber vergessen kann ich es nicht», sagen wir dann. Die Erinnerung an das Geschehen begleitet uns ständig. Bis wir eines Tages entdecken, woher der radikale Ansatz in der Antwort Jesu kommt. Er weist auf die Art und Weise hin, wie Gott mit *unserer* Schuld und Sünde umgeht:

In 1. Könige 15,3 und 5 berichtet der Chronist über die Sünden Abias, des Königs von Juda, und vergleicht ihn mit König David: «Abia wandelte in allen Sünden seines Vaters, die dieser vor ihm begangen hatte, und sein Herz war dem Herrn, seinem Gott, nicht ungeteilt ergeben wie das Herz seines Ahnherrn David. ... David hatte getan, was dem Herrn wohlgefiel, und war während seines ganzen Lebens von allem, was er ihm geboten, nicht abgewichen, *abgesehen von dem Vorkommnis mit dem Hethiter Uria»* (Hervorhebung vom Verfasser). Hier geht es um das Thema «Vergeben, aber nicht vergessen»! Es bleibt ein Makel hängen, den der Chronist für die Nachwelt festhält: «abgesehen von ...»

Wenn jedoch *Gott* auf das Leben Davids zurückschaut, klingt es anders. Dies zeigt sich an der Botschaft, die er Jerobeam, einem Vorgänger Abias, durch den Propheten Ahia ausrichten lässt: «Du aber bist nicht gewesen wie mein Knecht David, der meine Gebote beobachtet hat und mir von ganzem Herzen gehorsam gewesen ist, *so dass er nur das tat, was mir wohlgefiel»* (1. Könige 14,8; Hervorhebung vom Verfasser). Punkt.

Gott kommt, im Gegensatz zum Chronisten, nicht mehr auf die üble Geschichte mit Bathseba und dem Mord an ihrem Mann Uria zurück, denn David hatte Buße getan und von Gott Vergebung empfangen. «Sei mir gnädig, o Gott, nach deiner Güte! Nach deinem großen Erbarmen tilge meine Vergehen! Wasche völlig mir ab meine Schuld und mache mich rein von meiner Missetat!» (Psalm 51,3 und 4). Damit ist für Gott die Sache erledigt. Er erwähnt sie nicht mehr. Er hat sie zwar nicht vergessen, aber endgültig weggelegt, sozusagen «entsorgt». Das ist Vergebung! «Wenn eure Sünden auch rot wie Scharlach sind, sollen sie doch weiß werden wie Schnee; und sind sie auch rot wie Purpur, sollen sie doch weiß wie Wolle werden» (Jesaja 1,18).

Vor längerer Zeit erhielt ich einen Anruf, der mich überraschte. Eine Bekannte war am Apparat und sagte mit freudig bewegter Stimme: «Hör mal, es ist etwas Außerordentliches geschehen. Unsere Tochter ist zurückgekehrt.» Sie hatte vor vielen Jahren ihre Ausbildung abgebrochen, die Familie verlassen und war zu einem bedeutend älteren Mann gezogen. Die Beziehung brachte nicht die erhoffte Erfüllung und wurde bald aufgelöst. Nun musste sich die junge Frau wieder zurechtfinden. Es gelang ihr aber nicht, die angefangene Ausbildung wieder aufzunehmen. In ihrer Verbitterung brach sie den Kontakt mit ihrer Familie ab.

Und nun stand sie unerwartet vor der Türe des Elternhauses. Die Mutter erzählte: «Wir hatten eben mit dem Essen begonnen. Da sagte unsere Tochter in die Stille des Abends hinein: ‹Ich bin zurückgekommen, um euch zu sagen, dass ich mich entschlossen habe, euch zu vergeben. Ich war verbittert, weil ich vom Eindruck nicht loskam, dass ihr vieles falsch gemacht hattet. Aber nun will ich meine Bitterkeit ablegen und euch vergeben.› In diesem Moment ging mir als Mutter ein Stich durchs Herz. Meine Tochter, die nicht nach Gott fragt, bietet mir die Vergebung an. Und ich, die ich meinen Glauben engagiert leben möchte, stelle mit Beschämung fest, dass ich ihr im Tiefsten noch nicht vergeben habe.»

Denn auch die Eltern waren in jener bewegten Zeit innerlich verletzt worden. An diesem Abend konnten sie annehmen, was ihnen ihre Tochter anbot, aber auch für ihren Teil um Vergebung bitten.

«Und weißt du», meinte meine Bekannte weiter, «seit ich mit meiner Tochter versöhnt bin, hat sich mein Verhältnis zu meiner Mutter zu verändern begonnen. Früher konnten wir jeweils höchstens drei Tage beieinander sein. Dann mussten wir wieder Abschied nehmen, weil es sonst zu Spannungen und unguten Zwischenfällen gekommen wäre. Nun aber, denke ich, könnte ich meine Mutter zu mir nehmen, wenn sie krank oder pflegebedürftig würde.»

Diese Tochter hatte ihren Eltern über viele Jahre etwas nachgetragen. Vielleicht merkte sie eines Tages, dass dieses Nachtragen sowohl sie als auch ihre Eltern zu Verlierern machte. Um es bildlich darzustellen: Wenn ich jemandem etwas «nachtrage», führe ich ihm seine Schuld beständig vor Augen. Ich selber aber trage diese beschwerliche Last auch.

In eine solche Situation hinein wirkt Vergebung befreiend und entlastend für alle Beteiligten. Sie verändert die Beziehungen innerhalb der Familie und in unserer Umgebung. Dies gilt ebenfalls im Blick auf Menschen, die nicht mehr leben. Auch ihnen gegenüber kann ich es aussprechen: «Ich entlasse dich aus deiner Schuld.»

Wenn uns aufgegangen ist, dass Gott alle dunklen Flecken in unserer eigenen Biographie ganz ausgelöscht hat, lernen wir auch immer mehr, mit uns barmherzig umzugehen und uns selbst zu vergeben. Manchmal ist es sogar nötig, die falschen Muster im Umgang mit eigener Schuld in der Gegenwart Gottes loszulassen, um eine neue Freiheit eigener und fremder Schuld gegenüber zu erlangen.

Versöhnung ist ein Prozess: «Ich öffne ihm mein Herz.»

Wenn wir uns entschließen, einem Menschen zu vergeben, geschieht dies in einem bestimmten Augenblick, auch wenn sich im Vorfeld allenfalls lange innere Auseinandersetzungen abgespielt haben. Dann aber ist die Sache abgeschlossen. Bis der Moment für eine Versöhnung gekommen ist, braucht es oft mehr Zeit. Versöhnung kann nicht einfach verordnet, abgemacht oder organisiert werden. Sonst besteht die Gefahr, dass die Bemühungen in Ratlosigkeit enden oder die Fronten sich noch mehr verhärten. Der Entschluss, sich zu versöhnen, muss im Herzen beider Beteiligten heranreifen.

Im Alten Testament wird uns ein eindrücklicher Versöhnungsweg zwischen Brüdern beschrieben. Er ist lang und beschwerlich. Die Geschichte (in 1. Mose, Kapitel 37 und 42–46) zeigt gleichzeitig, dass Versöhnung nicht von der Größe des beidseitigen Anteils an Schuld abhängig ist.

Joseph reizt seine Brüder durch die überhebliche Schilderung seiner Träume, mit der er sich über sie stellt. Gleichzeitig hinterbringt er als Lieblingssohn seinem Vater alles, «was man ihnen Übles nachsagte». Die übermächtige Eifersucht der Brüder lässt sie den Entschluss fassen, ihn umzubringen. Schließlich entscheiden sie sich aber, ihn an vorbeiziehende

Händler zu verkaufen. Sie lassen ihren Vater durch bewusste Irreführung in der Meinung, sein Sohn sei umgekommen. Dann gehen sie zur Tagesordnung über. Es wird nicht berichtet, ob sie ihre schwere Schuld bereut haben.

Joseph hat unterdessen in Ägypten am Hofe des Pharaos schwierige Zeiten erlebt, ist aber durch besondere Umstände schließlich zum Stellvertreter des Herrschers aufgestiegen. Ob ihm sein Verhalten den Brüdern gegenüber je leidgetan hat, erfahren wir nicht. Dieses Thema wird erst aktuell, als die Brüder Josephs während einer Hungersnot nach Ägypten reisen, um Getreide zu kaufen.

Dass sie als Bittsteller unvermittelt vor ihrem Bruder stehen, wird ihnen vorerst nicht bewusst. Joseph aber erkennt sie. Nun erweist sich, dass er ihnen vergeben hat. Es wäre ihm auf Grund seiner gesellschaftlichen Stellung ein Leichtes gewesen, ihnen Gleiches mit Gleichem zu vergelten. Er tut es nicht. Im Gegenteil. Er verkauft ihnen das erbetene Getreide. Aber er gibt sich ihnen nicht zu erkennen.

Allerdings: Vergeben ist noch nicht vergessen! Das Misstrauen, das er ihnen entgegenbringt, und die Schwierigkeiten, die er ihnen in den Weg legt, führen sie an den Rand der Verzweiflung. Noch mehr: Es wird ihnen so recht bewusst, wie grausam sie an ihrem Bruder gehandelt haben. «Sie sagten aber einer zum andern: ‹Wahrlich, das haben wir an unserm Bruder verschuldet! Denn wir sahen seine Seelenangst, als er uns anflehte, aber wir hörten nicht auf ihn; deshalb ist jetzt dieses Unglück über uns gekommen!›» (1. Mose 42,21).

Wir wissen, dass die Geschichte ein gutes Ende nimmt. Joseph gibt sich seinen Brüdern zu erkennen: «Tretet doch nahe an mich heran ... Ich bin euer Bruder Joseph, den ihr nach Ägypten verkauft habt! Nun beunruhigt euch aber nicht und macht euch keine Vorwürfe darüber, dass ihr mich hierher verkauft habt! Denn um uns alle am Leben zu erhalten, hat Gott mich euch vorausgesandt» (1. Mose 45,4–5). Gleichzeitig lädt er seine Familie ein, nach Ägypten zu kommen, wo er ihr wirtschaftliche Sicherheit bietet. Ist dies nun ein Zeichen der Vergebung oder ein Akt der Versöhnung?

Die Fortsetzung des biblischen Textes zeigt mit aller Deutlichkeit: Vergebung ist ein Entschluss, Versöhnung ist ein Prozess. «Als nun die Brüder Josephs sahen, dass ihr Vater tot war, sagten sie: ‹Wie nun, wenn Joseph feindselig gegen uns aufträte und uns all das Böse vergälte, das wir ihm zugefügt haben?› Darum sandten sie zu Joseph und ließen ihm sagen: ‹Dein Vater hat uns vor seinem Tode folgende Weisung gegeben: So sollt ihr zu Joseph sagen: Ach bitte, vergib doch deinen Brüdern ihr Vergehen und ihre Verschuldung, dass sie so übel an dir gehandelt haben! So vergib uns doch unser Vergehen; wir sind doch auch Knechte des Gottes deines Vaters!› Da weinte Joseph, als sie ihm das sagen ließen. Hierauf gingen seine Brüder selbst hin, warfen sich vor ihm nieder und sagten: ‹Hier sind wir als deine Knechte!› Joseph aber antwortete ihnen: ‹Seid ohne Furcht! Denn stehe ich etwa an Gottes Statt? Ihr freilich hattet Böses gegen mich im Sinn, aber Gott gedachte es zum Guten zu wenden, um das auszuführen, was jetzt klar zutage liegt, nämlich um ein zahlreiches Volk am Leben zu erhalten. Fürchtet euch also nicht! Ich selbst werde euch und eure Kinder versorgen.› So tröstete er sie und redete ihnen freundlich zu.» Nun ist der Versöhnungsprozess abgeschlossen (1. Mose 50,15–21).

Versöhnung beginnt mit einem ersten Schritt. Menschen öffnen sich gegenseitig ihre Herzen, die sie bisher voreinander verschlossen gehalten haben. Der 2. Korintherbrief gibt uns Einblick in den Beginn eines solchen Versöhnungsprozesses.

Paulus bittet die Gemeinde, die er einst gegründet hat: «Gebt uns Raum [in euren Herzen]!» (2. Korinther 7,2). Weshalb tut er das? Der erfolgreiche Missionar befindet sich in einer beinahe aussichtslosen Lage. Er scheint den Zugang zu den Korinthern endgültig verloren zu haben. Ihr gegenseitiges Verhältnis droht zu zerbrechen. Es sieht aus, als ob sich ihre Wege trennen würden.

Alles mutet so aussichtslos an: Eine Gruppe von Christen innerhalb der Gemeinde ist in Schwärmerei geraten. Im Leben der Kirche hat sich Unordnung breitgemacht. Die Gestaltung des Gottesdienstes ist aus dem Ruder gelaufen. Gemeindeglieder haben begonnen, ein sexuell ausschweifendes Leben zu führen. Spannungen zwischen einzelnen Parteien sind in Zank und Streit ausgeartet. Und schließlich hat sich eine eigentliche Front der Abwehr und Feindschaft gegen den Apostel aufgebaut. Ein aktuelles Bild, das auch in unsere Zeit passt.

Dabei hat Paulus nichts unversucht gelassen, um die Situation zu retten. Er hat belehrt und ermutigt, zeitweise geradezu verzweifelt um die Gemeindeglieder gerungen. Als alles nichts gebracht hat, ist er mit schwerem Geschütz aufgefahren, hat ermahnt und sogar gedroht (1. Korinther 4,21). Alles umsonst!

Nun ist er mit seiner Weisheit vollkommen am Ende. Er steht gewissermaßen mit leeren Händen da, ratlos und hilflos. Der einst vollmächtige Leiter und Führer ist zum Bittsteller geworden, der seiner Gemeinde zuruft: «Gebt mir doch Raum in euren Herzen!» Dieses Zeichen ist der erste Schritt zur Versöhnung. Wir wissen nicht, ob sie sich *gegenseitig* ihre Herzen geöffnet haben. Aber auch hier wird deutlich, dass ein Versöhnungsprozess Zeit braucht und Kräfte kostet.

Was Vergebung bedeutet, erlebte ich als jung verheiratete Frau mit meiner Schwiegermutter. Sie war eine hochbegabte, kreative Frau. Ihre andere Seite: depressive Stimmungen und eine pessimistische Lebensanschauung. Eigentlich hatte sie die Sehnsucht in sich, dass ihre erwachsenen Kinder sich um sie kümmerten. Wenn wir sie aber besuchten, erwarteten uns Vorwürfe. Es war tragisch. Sie wollte unsere Liebe, trieb uns aber mit ihrem Verhalten von sich weg. Einerseits löste das in mir Wut aus, andererseits aber auch Schuldgefühle. In mir staute sich so viel Groll auf, dass ich mit der Zeit nicht mehr recht essen konnte und krank wurde.

Die Fragen meiner Seelsorgerin brachten das Problem ans Licht. Ein Psalmwort half mir, weitere Schritte zu tun: «Herr, erst wollte ich meine Schuld verschweigen; doch davon wurde ich so krank, dass ich von früh bis spät nur stöhnen konnte. Ich spürte deine Hand bei Tag und Nacht; sie drückte mich zu Boden, ließ meine Lebenskraft entschwinden wie in der schlimmsten Sommerdürre. Darum entschloss ich mich, dir meine Verfehlungen zu bekennen. Was ich getan hatte, gestand ich dir; ich verschwieg dir meine Schuld nicht länger. Und du – du hast mir alles vergeben!» (Psalm 32,3–5).

Ich schrieb mit meiner Seelsorgerin sorgfältig auf, was mich verletzt hatte. Nachdem wir gemeinsam alles genau angeschaut hatten, entschloss ich mich, meiner Schwiegermutter zu verzeihen. Dann bat ich um Vergebung für meinen Anteil: meine Wut, meinen Groll und meine negativen Gedanken ihr gegenüber. Ganz bewusst nahm ich die Vergebung von Jesus an. Als Zeichen, dass es nun «erledigt» war, zerriss ich den Zettel. Und tatsächlich: Meine Gesundheit verbesserte sich. Die Wut war weg. Meine Schwiegermutter und ich blieben zwar dieselben wie vorher. Wir verletzten uns auch später immer wieder. Aber ich lernte immer besser, ihr zu vergeben und Jesus um Vergebung zu bitten.

Als ich nach dem Tod meines ersten Mannes (ihres Sohnes) wieder heiratete, ließ meine Schwiegermutter ihre Erwartungen an mich los. Weil sie mir keine Vorwürfe mehr machte und weil ich reifer geworden war, veränderte sich unsere Beziehung. Ich besuchte sie nun freiwillig, bis sie starb. In dieser Zeit konnten wir noch offen über die Vergangenheit reden. Ich entschuldigte mich bewusst für mein Verhalten ihr gegenüber. Kurz vor ihrem Tod hatte ich den Eindruck, es wäre gut, wenn ich mit Heinz zusammen ihre Abdankung gestalten würde. Sie nahm mein Angebot dankbar an. Ich glaube nicht, dass dies ohne gegenseitige Vergebung möglich gewesen wäre. Der gemeinsame Versöhnungsweg war für uns beide lang und hart. Aber ich lernte dabei, was Vergebung und Versöhnung heißt.

Mit Gott versöhnt

«Hast du Gott schon vergeben?», fragte jemand einen durch Leid bitter gewordenen Menschen. Der Angesprochene war geschockt. Die Frage traf ihn an einer empfindlichen Stelle. Gott hatte ihm in letzter Zeit einen schweren Weg zugemutet. In seiner Trauer und Niedergeschlagenheit spürte er tatsächlich eine große Enttäuschung über Gottes Handeln. Er konnte das Geschehene nicht mit der Vorstellung von Gottes Liebe und Fürsorge in Übereinstimmung bringen.

Wir alle kennen solche Gefühle, die in einer dunklen Phase unseres Lebens in uns hochkommen. Es ist nicht leicht, mit derartigen Enttäuschungen umzugehen. Meist befallen uns schon Schuldgefühle Gott gegenüber, wenn nur eine Spur von Auflehnung gegen ihn in uns aufsteigen will. Aber es gilt: «Für Christen ist es wichtig, dass sie nicht nur erleben, dass Gott sich mit ihnen versöhnt, sondern sie müssen sich auch mit Gott und damit mit ihrer Geschichte versöhnen.»[11]

Wenn wir die Biographien biblischer Gestalten, zum Beispiel von Mose oder Hiob, betrachten, fällt uns auf, dass sie es wagten, im Gespräch mit Gott auch ihre Enttäuschung und Wut einzubringen. Sie erlebten dabei, dass er diese Gefühlsausbrüche nicht nur aushalten, sondern auch verstehen konnte. Und bei den meisten kehrte darauf neues Vertrauen zu Gott ein. Nachher konnten sie wieder im Frieden ihren weiteren Weg mit ihm gehen. Der folgende Text beschreibt den Verlauf einer solchen Beziehungsstörung und die anschließende Versöhnung mit Gott:

«Als nun Mose das Volk in allen Familien wehklagen hörte, einen jeden am Eingang seines Zeltes [...] da regte sich der Unwille in Mose, so dass er zum Herrn sagte: ‹Warum verfährst du so übel mit deinem Knecht, und warum nimmst du so wenig Rücksicht auf mich, dass du die Last [der Sorge] für dieses ganze Volk auf mich legst? Habe ich denn Mutterpflichten gegen dieses ganze Volk zu erfüllen, oder habe ich es in die Welt gesetzt, dass du zu mir sagen dürftest: Trage es auf deinen Armen, wie die [Amme] den Säugling trägt, und bringe es in das Land, das du ihren Vätern zugeschworen hast? Woher soll ich Fleisch nehmen, um es diesem ganzen Volke zu geben? Mir jammern sie ja ihre Not vor und rufen: ‹Gib uns Fleisch zu essen!› Ich allein vermag die Last [der Sorge] für dieses ganze Volk nicht mehr zu tragen; sie ist für mich zu schwer! Willst du trotzdem so mit mir verfahren, so bringe mich doch lieber gleich um, wenn du es gut mit mir meinst, damit ich mein Unglück nicht länger anzusehen brauche!›» (4. Mose 11,10–15).

Auf diesen Gefühlsausbruch reagiert Gott nicht mit Rügen oder Vorwürfen. Er versteht Mose und kommt ihm zu Hilfe. Er stellt ihm siebzig Männer als Älteste an die Seite, die er mit Geist und Weisheit ausrüstet. Sie sollen ihm beistehen und «die Last der Sorge» mit ihm tragen. Dann verspricht er dem Volk, sie weiterhin mit Fleisch zu versorgen.

Solche Erfahrungen der Treue Gottes begleiten Mose während seines ganzen Lebens. Deshalb kann er vor seinem Tod in einem Lied als ein mit Gott Versöhnter sagen: «Den Ruhm des Herrn will ich verkünden: Gebt unserm Gott die Ehre! Er ist ein Fels, vollkommen ist sein Tun, denn alles, was er tut, ist recht» (vgl. 5. Mose 32,3 und 4).

Versöhnung in der Rückschau

«Darauf nahm Samuel einen Stein und stellte ihn zwischen Mizpa und Sen auf und gab ihm den Namen Eben-Eser [das heißt Stein der Hilfe] und sagte: ‹Bis hierher hat der Herr uns geholfen›» (1. Samuel 7,12). Für die Israeliten war dieser Stein ein Denkmal zur Erinnerung an einen Sieg über die Philister. Auch wir kennen Momente der Rückschau auf bestimmte Ereignisse in unserem Leben. Allerdings sind sie nicht immer mit Gefühlen der Dankbarkeit verbunden. Wir erinnern uns an Lebenskrisen, berufliche Fehlentscheide oder schwierige

Lebensabschnitte, die uns wie ein Bruch in unserer Biographie vorkommen.

Die Paartherapeutin Ago Bürki-Fillenz berichtet aus ihrer Praxis: «An der Wand meines Büros hängt eine Amaryllis-Blüte, deren Stiel zweimal gebrochen ist. Das hat seine Geschichte. Als die Pflanze noch vor dem Blühen herunterfiel und der Stiel brach, wollte ich sie zuerst wegwerfen. Doch dann entschied ich mich, sie in einen Blumentopf einzupflanzen. Und siehe da: Trotz der beiden Brüche gelangte die Knospe zur vollen Blüte ... Man kann die Brüche im Leben nicht ungeschehen machen, trotzdem kann es zur Blüte reifen ... Ich habe bislang keinen einzigen Menschen kennen gelernt, der in seiner Geschichte keine Brüche hat. Ich kenne aber auch noch sehr wenige Menschen, die sich damit versöhnt haben. Die meisten ziehen es vor, ein Leben lang damit zu hadern. Sie suchen immer nach dem Grund, weshalb ihr Leben nicht gelingt. Sie bringen nicht den Mut auf, zu dem zu stehen, was gewesen ist. Das Problem liegt aber darin, dass man keine Minute hinter seine Gegenwart zurück gehen kann.»[12]

Brüche in unserem Leben stehen sehr oft im Zusammenhang mit Menschen, die uns etwas schuldig geblieben oder an uns schuldig geworden sind. Aber auch wir haben im Laufe unseres Lebens Fehler gemacht, falsche Entscheidungen getroffen und Chancen nicht genutzt. Wir fühlen uns schuldig und klagen uns an. Die Selbstvorwürfe werden erst schweigen, wenn wir mit uns und unserer Vergangenheit versöhnt sind.

Ich blicke oft auf mein Leben zurück. Zuerst lasse ich jeweils gute Erlebnisse der vergangenen Jahre an meinem inneren Auge vorbeiziehen. Diese Rückschau zeigt mir, wie gut es Gott mit mir und meiner Familie meinte und wie interessant mein Leben war. Dabei wird mir wieder bewusst, dass ich gern lebe.

Aber auch schmerzliche Erfahrungen aus meiner Vergangenheit können hochkommen. Ich traf in meinem Leben Fehlentscheidungen und hatte Misserfolge. Ich verletzte Menschen durch mein Reden oder Tun. Anderen blieb ich in der persönlichen Beziehung etwas schuldig.

Früher wurde ich von solchen Erinnerungen, besonders in schlaflosen Nachtstunden, umgetrieben: «Hätten wir doch damals ... Wäre ich nur nicht ...» Es war mir zwar immer bewusst, dass solche Überlegungen gar nichts brachten. Im Gegenteil. Sie verstärkten die unguten Gefühle noch.

Dann begann ich, die negativen Nachtgedanken bewusst «neben mein Bett zu legen». Am Anfang stellte ich oft resigniert fest, dass sie mir nach kurzer Zeit wieder unter meiner Bettdecke Gesellschaft leisteten wie eine kalte Bettflasche. Bald wurde dieses Ritual zu einer Art sportlicher Auseinandersetzung. Es war zwar anstrengend, brachte aber eine hilfreiche Entwicklung in Gang.

Nun fragen Sie mich vielleicht: «Stehen Sie denn jetzt souverän über solchen bedrängenden Gedanken in dunklen Nachtstunden?»

So weit bin ich nicht. Aber ich muss diese Gedanken nur noch selten «verbannen». Ich verdränge sie nicht, sondern schaue sie an: «Ja, so war es. Ich kann nichts davon rückgängig machen. Ich stehe dazu.» Dann lege ich sie beiseite. Denn ich habe Gottes Vergebung empfangen, mich mit meiner Vergangenheit versöhnt und alte Denkmuster losgelassen. Jetzt halte ich mich an die Aufforderung, die Jesaja seinem Volk zuruft: «Denkt nicht mehr an die früheren Ereignisse zurück und beachtet das Vergangene nicht mehr! Seht, ich vollbringe etwas Neues, schon tritt es in Erscheinung; gewahrt ihr's denn nicht?» (Jesaja 43,18 und 19).

Versöhnung in der Rückschau verschafft mir zudem Freiraum für die Zukunft, weil sie mich nicht nur von Altlasten befreit, sondern auch meinen Blick für Neues öffnet. «Pflüget ein Neues und säet nicht unter die Dornen!» (Jeremia 4,3).

7
Wer festhält, verliert – wer loslässt, gewinnt

Loslassen – ein Lernprozess

Für den Säugling ist Loslassen kein Thema. Im Gegenteil. Er packt instinktiv zu, ergreift jeden Gegenstand und nimmt alles Erreichbare in den Mund. Durchs Be-Greifen lernt er seine begrenzte Welt kennen. Schon nach wenigen Monaten versucht das kleine Kind sein Umfeld zu erweitern. Es richtet sich auf, fällt um, kommt wieder hoch und wagt mit seinen unsicheren Beinen erneut einige Schritte. Kein Gegenstand in seiner Umgebung ist vor seinem Zugriff verschont. In solchen «Trainingseinheiten» übt es hartnäckig bis zur Erschöpfung. Dann erst lässt es für eine kurze Zeit los, in den Armen seiner Mutter oder auf den Schultern seines Vaters.

Das heranwachsende Kind entdeckt bald, wie befriedigend es ist, sich etwas anzueignen, das ihm dann auch wirklich gehört. Es beginnt, das Erworbene oder Geschenkte zu pflegen und vor Schaden zu bewahren. Im Familienalltag und in der Schule merkt es auch, dass Teilen mit anderen nicht nur Verlust bedeutet, sondern inneren Gewinn bringen und Freude machen kann. Dadurch lernt es, anderen etwas von seinem Besitz zu schenken.

Der Jugendliche hat auf dem Weg des Loslassens schon wichtige Erfahrungen gemacht. In seiner beruflichen Ausbildung und später im Erwerbsleben, in Ehe und Familie spürt er immer deutlicher etwas von der Spannung zwischen dem berechtigten Wunsch nach Besitz und der nüchternen Erkenntnis, dass das Erworbene nicht für alle Zeiten in seinen Händen bleibt.

Unsere Vorfahren stellten sich diese Tatsache in alten Haussprüchen bewusst vor Augen:

«Dies Haus ist mein und doch nicht mein.
Der nach mir kommt, kann's auch nur leih'n.
Und wird's dem Dritten übergeben,
er kann's nur haben für sein Leben.
Den Vierten trägt man auch hinaus.
Sag: Wem gehört denn nun dies Haus?»

In unseren partnerschaftlichen Beziehungen ist Loslassen ein Dauerthema. Am Anfang einer Liebesbeziehung scheint es zwar noch gar nicht aktuell zu sein. Wenn sich aber beide Partner entschließen, ihr Leben gemeinsam zu gestalten und vor Gott zu verantworten, gilt es, immer besser zu erkennen, wo Festhalten richtig und wo Loslassen nötig ist. Es wird dem jungen Paar auch zusehends deutlicher, was sich auf der horizontalen Beziehungsebene abspielen und was «obendurch laufen», das heißt im persönlichen Gespräch mit Gott angegangen werden soll. Dies schafft gesunde Distanz und Beziehungsspielraum.

Ist das erste Kind unterwegs, kommen weitere Lektionen dazu. Vielleicht für den werdenden Vater früher als erwartet. Er erlebt, dass seine Frau sich in der Schwangerschaft innerlich stark auf das in ihr wachsende Kind konzentriert. Die leise Eifersucht, die sich in ihm regt, macht deutlich, dass für ihn Loslassen angezeigt ist.

Die junge Mutter ist nach der Geburt ganz auf die Nähe, Zuwendung und Versorgung des Kindes ausgerichtet. Loslösung steht nicht im Vordergrund. Aktuell wird die Frage für sie wahrscheinlich beim Eintritt ihres Kindes in den Kindergarten. Zu diesem Zeitpunkt scheint der junge Vater eher über der Sache zu stehen. Aber auch für ihn ist die Lehrzeit noch nicht abgeschlossen. Vielleicht holt ihn das Thema später und von einer ganz anderen Seite ein.

Ich hatte eben einen Vortrag über ein pädagogisches Thema beendet, als eine Frau auf mich zusteuerte: «Ich bitte Sie, sobald wie möglich mit meinem Sohn zu reden!» Es stellte sich heraus, dass er als Lehrer der Sekundarstufe den Entschluss gefasst hatte, seine Stelle aufzugeben, um für unbestimmte Zeit eine Weltreise anzutreten. «Es darf doch nicht sein, dass er in einer Zeit des akuten Lehrerüberflusses eine so leichtfertige Entscheidung trifft. Er wird nach seiner Rückkehr keine Stelle mehr finden. Reden Sie doch bitte mit ihm und versuchen Sie, ihn von seinem Vorhaben abzuhalten.»

«Wie alt ist denn Ihr Sohn?», fragte ich sie.

«Er ist eben 37 geworden.»

Ich redete nicht mit ihm!

Aber das kurze Gespräch beschäftigte mich anschließend lange. Ich merkte, dass ich mich über diese Mutter ärgerte. Wie konnte es nur dazu kommen, dass 37 Jahre nach der Geburt eines Kindes die «Nabelschnur» noch nicht durchtrennt war?

Einige Jahre später, als meine eigenen Kinder bereits am Heranwachsen waren, dachte ich an diese Begegnung zurück. Ich hatte eben einen verspäteten Loslösungsprozess von meiner eigenen Mutter abgeschlossen. Dabei wurde mir bewusst, dass es meinen Kindern nur dann möglich sein würde, sich frei und unabhängig zu entwickeln, wenn ich lernte, auf gewisse Ansprüche an sie zu verzichten und meine versteckten Ängste um sie auszuhalten.

Die Kehrseite des Schmerzes

Dass der Prozess des Loslassens eine lebenslange Angelegenheit ist, zeigen uns Texte aus dem Leben Marias, der Mutter Jesu. Sie hatte seit der Ankündigung der Geburt ihres Sohnes gewusst, dass sie es mit einem besonderen Kind zu tun haben würde. «Er wird groß sein und Sohn des Höchsten genannt werden» (Lukas 1,32).

Was ihr vom prophetisch begabten Simeon bei der Darstellung Jesu im Tempel noch persönlich mit auf den Weg gegeben wurde, erfasste sie erst im Laufe des gemeinsamen Lebens mit ihrem Sohn. Und es hatte mit Loslösung zu tun. «Wisse wohl: dieser ist vielen zum Fallen und [vielen] zum Aufstehen in Israel bestimmt [...] *und auch dir selbst wird ein Schwert durch die Seele dringen»* (Lukas 2,34–35; Hervorhebung vom Verfasser).

Schon als Zwölfjähriger überrascht Jesus seine Eltern durch sein besonderes Verhalten (Lukas 2,41–51). Auf der Pilgerfahrt nach Jerusalem hat er sich unbemerkt von der Familie entfernt und ist in den Tempel gegangen, wo er mitten unter den Lehrern Israels sitzt, ihnen zuhört und Fragen an sie richtet. Nach tagelangem Suchen finden sie ihn. «Kind, warum hast du uns das angetan? Bedenke doch: dein Vater und ich suchen dich mit Angst!» Jesus erklärt sein Verhalten mit den Worten: «Wie habt ihr mich nur suchen können? Wusstet ihr nicht, dass ich im Hause meines Vaters sein muss?» Von den Eltern heißt es, sie hätten das, was er ihnen sagte, nicht verstanden.

In Kana, einem Städtchen in Galiläa, findet eine Hochzeit statt (Johannes 2,1–10). Die Mutter Jesu nimmt daran teil. Auch ihr Sohn ist mit seinen Jüngern zum Fest eingeladen. Weil dem Gastgeber der Wein ausgegangen ist, sagt die Mutter zu ihrem Sohn: «Sie haben keinen Wein [mehr].» Jesus antwortet ihr: «Was kümmern dich meine Angelegenheiten, Frau? [Andere Übersetzungsmöglichkeit: ‹Was drängst du mich?›] Meine Stunde ist noch nicht gekommen.» Wir stellen uns vor, wie stolz Maria gewesen ist, ihren nun schon sehr bekannten Sohn zu diesem Hochzeitsfest begleiten zu dürfen. Ihre Freude wird jedoch durch seine abweisende Bemerkung getrübt. Dabei hat sie es doch nur gut gemeint – mit den vielen Gästen, aber auch mit dem Gastgeber, der offensichtlich in Verlegenheit geraten ist.

Allerdings ist die Aussage «Sie haben keinen Wein» wahrscheinlich nicht einfach eine sachliche Bemerkung, sondern eine versteckte Aufforderung an ihren Sohn gewesen. Und seine Antwort ist ein Ausdruck der Freiheit und Selbständigkeit der Mutter gegenüber. Nun wird ihr bewusst, dass sie loslassen muss. Sie verzichtet auf weiteres Drängen und lässt es mit einem Rat an die Diener bewenden: «Was er euch sagt, das tut.» Und Jesus spürt, dass seine Mutter ihn innerlich frei gibt. Nun handelt er im Sinne der Bitte seiner Mutter.

Ein anderes Mal wollen Maria und seine Brüder Jesus besuchen, als er in der Nähe predigt (Matthäus 12,46–50). Von weitem sehen sie, dass das Haus, in dem er zu der Menge spricht, hoffnungslos überfüllt ist. Sie bleiben draußen stehen, schicken aber jemanden zu ihm und lassen ihm sagen: «Deine Mutter und deine Brüder sind draußen und fragen nach dir.»

Doch sie erleben eine schwere Enttäuschung. Sie haben erwartet, dass er sich ihnen zuwenden, vielleicht sogar zuwinken werde. Aber sie hören ihn sagen: «Wer ist meine Mutter, und wer sind meine Brüder?» Dann blickt er über die aufmerksam lauschende Menge hinweg und fährt fort: «Seht, diese hier sind meine Mutter und meine Brüder! Jeder, der den Willen Gottes tut, der ist mir Bruder und Schwester und Mutter.»

Ich stelle mir Marias Gedanken und Gefühle vor: «Bin ich denn niemand mehr? Wir haben den weiten Weg auf uns genommen und uns so gefreut, unseren Sohn und Bruder endlich wieder einmal zu sehen. Und nun dies!» Unternimmt die Familie wohl nochmals den Versuch, eine kurze Begegnung möglich zu machen? Wir wissen es nicht. Ich vermute aber, dass Maria sich in dieser Situation an die Worte Simeons erinnert: «Und auch dir selbst wird ein Schwert durch die Seele dringen.»

Nun steht Maria mit einigen Frauen und dem Jünger Johannes unter dem Kreuz ihres sterbenden Sohnes (Johannes 19,25–27). Die dunkelste Stunde ihres Lebens ist angebrochen. Sie macht aber gleichzeitig auch eine tröstliche Erfahrung. Jesus sagt zu seiner Mutter: «Frau, siehe, dein Sohn!» Und zu seinem Jünger: «Siehe, deine Mutter!» Im biblischen Bericht heißt es dann weiter: «Und von dieser Stunde an nahm der

Jünger sie zu sich in sein Haus.» Im Abschied von ihrem Sohn spürt Maria mit aller Schärfe «das Schwert durch ihre Seele dringen». Sie erlebt aber auch, wie Jesus noch in der Stunde seines Todes für sie sorgt, indem er sie seinem Jünger anvertraut. Dies bedeutet für sie nicht nur Beistand in ihrer Trauer, sondern auch praktische Altersvorsorge.

Maria macht im schmerzlichen Prozess der Loslösung von ihrem Sohn dieselbe Erfahrung wie unzählige Menschen nach ihr, die es wagen, Eigentum, Einfluss oder Menschen loszulassen: Wer loslässt, gewinnt – wer festhält, verliert! Dies gilt vor allem für uns Eltern. Wenn wir bereit sind, loszulassen und den damit verbundenen Schmerz auszuhalten, werden wir etwas zurückbekommen. Vielleicht entdecken wir sogar, dass das, was wir im Nachhinein erhalten, weit mehr Gewicht hat als der Verlust, den wir beim Loslassen erlitten haben.

***Los**lassen oder **über**lassen?*

Wenn es einen Menschen betrifft, vermag der Begriff «loslassen» nicht wirklich auszudrücken, um was es bei diesem Prozess geht. Eigentlich müssten wir von *überlassen* sprechen. Von Maria wird gesagt, dass sie alles, was sie über ihr Kind vernahm, «in ihrem Herzen bewahrte» (Lukas 2,19). Wahrscheinlich entschloss sie sich schon früh, ihren Sohn dem zu überlassen, der ihr diese Mutteraufgabe einst gegeben hatte.

Wenn wir einen Menschen Gott überlassen, heißt das nicht, dass wir uns von unserer Verantwortung, dem innerem Engagement oder der persönlichen Anteilnahme verabschieden. Der Vater im Gleichnis (Lukas 15,11–32) lässt seinen Sohn los. Die Forderung des jungen Mannes, seinen Teil des Erbes jetzt schon zu erhalten, trifft ihn zwar unendlich hart. In der damaligen Kultur bedeutete dieses Ansinnen: «Ich wünschte, Vater, du wärest tot!» Die meisten Väter jener Zeit hätten anders gehandelt, wahrscheinlich ihren Sohn bestraft oder sogar enterbt. Dieser aber lässt ihn ziehen.

Dass er ihn nicht einfach ins Blaue loslässt, sondern ihn Gott *über*lässt, zeigt sich daran, dass er wartet. Er hält die Spannung zwischen dem Loslassen des Sohnes und dem Festhalten an der Hoffnung aus. Er holt ihn nicht zurück, schaut aber täglich nach ihm aus. Deshalb sieht er ihn auch bei seiner Rückkehr schon, als er noch weit entfernt ist. «Er eilte ihm entgegen, fiel ihm um den Hals und küsste ihn.» Es wird nicht überliefert, was der Vater zu seinem Sohn sagt, als er ihn umarmt. Wahrscheinlich nur ein kurzes Wort: «Gut, dass du da bist.» Wenn man einem Menschen, den man Gott überlassen und trotzdem im Herzen behalten hat, so begegnet, ist damit alles gesagt.

Wer an der Hoffnung für einen Menschen festhält und ihn Gott überlässt, darf damit rechnen, auch etwas zu gewinnen. Nicht nur, wenn dieser die Spur wieder gefunden oder seine Schwierigkeiten überwunden hat. Wenn wir in unserem Herzen «dranbleiben», wird uns eines Tages bewusst: Das Kind, das uns am meisten in Atem hielt, oder der schwierigste Mensch in unserer Umgebung hat am meisten dazu beigetragen, dass wir in unserer Persönlichkeit gefestigt wurden.

Loslassen ist auf jeder Stufe unseres Lebens aktuell. Vordergründig scheinen wir dabei etwas zu verlieren, sozusagen mit leeren Händen dazustehen. Später wird uns bewusst werden, dass nur leere Hände etwas Neues empfangen können.

8
Wer nicht genießen kann, wird ungenießbar

Ein Leben zwischen Lust und Verzicht

«Tue deinem Leib etwas Gutes, damit deine Seele Lust hat, darin zu wohnen», sagt Teresa von Ávila (1515–1582). Die Freude am Leben hat für biblische Autoren und für viele Persönlichkeiten der Kirchengeschichte auch mit Genussfähigkeit zu tun.

Diese gute Eigenschaft kann aber eingeschränkt sein. «Es gibt doch Menschen, die ihr Leben eher durch eine dunkle Brille betrachten. Andere sind von Natur aus heiter und optimistisch». Auch ich habe von meinen Vorfahren gemütsmäßig eine leicht dunkel getönte Brille geerbt, die meine Lebenslust zeitweise beeinträchtigt. Trotzdem entdecke ich täglich viele Gelegenheiten, das Leben zu genießen. Meine Veranlagung hilft mir, auf dem Boden zu bleiben. Ich möchte mich weder vom Genuss leiten noch in falscher Weise einschränken lassen. Beim Genießen geht es ja nicht einfach um unbeschränkte Fülle und noch weniger um Maßlosigkeit. *Ein ganz gewöhnliches Ereignis kann durch Wertschätzung zum Genuss werden.*

«Genießen kann nur, wer verzichten gelernt hat», sagte uns der Ordinarius für Heilpädagogik an der Universität Zürich, Prof. Paul Moor, in seinen Vorlesungen. Das scheint ein Widerspruch zu sein. Das Zitat verträgt sich schlecht mit dem Hedonismus, der sich in unserer Gesellschaft breitmacht.

Diese Philosophie lebt von der Vorstellung eines Lebens, das uneingeschränkten Genuss bei gleichzeitiger Vermeidung von Leid verspricht. Sie kommt uns täglich in der Werbung entgegen: «Geiz ist geil!» – «Unterm Strich zähl ich!» – «Weil ich es mir wert bin!» Für den Hedonisten liegt die Aussage «Genießen kann nur, wer verzichten gelernt hat» völlig quer in der Landschaft. Dabei übersieht er, dass Genuss ohne die Fähigkeit zu verzichten meist nicht zu Lebensfreude führt, sondern oft in Abhängigkeiten endet.

In biblischen Texten kommt Lebenslust vor allem bei Salomo vor. Von ihm stammt das Wort: «Da merkte ich, dass es unter den Menschen nichts Besseres gibt, als fröhlich zu sein und es gut zu haben im Leben. Dass aber ein Mensch essen und trinken kann und sich gütlich tun bei all seiner Mühsal, auch das ist eine Gabe Gottes» (Prediger 3,12 und 13). Auch von Sexualität ist bei ihm die Rede: «Dein Brunnquell möge gesegnet sein, dass du am Weibe deiner Jugend dich erfreust! Das liebreizende Reh, die anmutige Gazelle – ihr Busen möge dich allezeit ergötzen, in ihrer Liebe sei immerdar trunken!» Da geht es um Genuss. Aber auch der Verzicht wird angedeutet, wenn es in der Fortsetzung des Textes heißt: «Denn warum wolltest du, mein Sohn, an einer Fremden dich ergötzen und den Busen einer anderen umarmen?» (Sprüche 5,18–20).

Schon damals galt: Genieße das Leben, aber setze deinen Bedürfnissen und Wünschen die nötigen Leitplanken! Das geht nicht ohne ein gewisses Maß an Leidensbereitschaft. Lust- und Leidensfähigkeit gehören deshalb wie Siamesische Zwillinge zusammen. Ein Bestsellerautor unserer Zeit, der Theologe und Psychiater Manfred Lütz, machte in einem Vortrag die provokative Aussage: «Wer nicht auf Sex verzichten kann, der ist nicht ehefähig.» Nun sind wir mitten im Spannungsfeld zwischen Genuss und Verzicht.

In dieser Auseinandersetzung stehen wir nicht nur als Einzelpersonen oder Paare. «Genießen kann nur, wer verzichten gelernt hat» gilt auch für die Entwicklung unserer Gesellschaft und Kultur. Der holländische Historiker Johan Huizinga (1872–1945) wurde einst gefragt: «Weshalb erlebten Kulturen und Gesellschaftssysteme nach einem Aufstieg und einer kürzeren oder längeren Blütezeit immer wieder einen Niedergang?» Seine Antwort: «Sie haben im Verlaufe ihrer Entwicklung drei grundsätzliche Voraussetzungen für die Entfaltung ihrer kulturellen Eigenart missachtet: Vereinfachung, Beschränkung, Verzicht.»

Es ist kaum vorstellbar, dass Huizingas Hinweis in unserer Zeit durch die Verantwortlichen in Politik und Wirtschaft aufgenommen wird. Unsere Gesellschaft ist dermaßen auf Wohlstandsvermehrung und Wirtschaftswachstum fokussiert, dass nur wenige Politiker und Konzernchefs die Begriffe Beschränkung und Verzicht auf ihrer Agenda haben.

Wer seine berufliche Aufgabe liebt, erfährt täglich, was Lebenslust heißt. Man sagt von ihm: «Er geht in seinem Beruf auf, genießt seinen Job und möchte ihn mit keinem anderen tauschen.» So erging es auch mir als Leiter der «Stiftung Gott hilft». Ich war verantwortlich für eine große, engagierte Mitarbeiterschaft und genoss die Vielfalt der Anforderungen, aber auch den Freiraum in der Gestaltung meiner Arbeit. Wenn ich auf diese Zeit zurückblicke, kommen mir allerdings nicht nur lustvolle Momente in den Sinn. Ich habe auch gelitten, die Zähne zusammengebissen und Zeiten der Unzufriedenheit über Sachzwänge oder Momente der Lustlosigkeit bei Routineaufgaben erlebt. Lust und Leid gehörten brutto zu meiner Arbeit. Aber ich fühlte mich wohl in dieser Aufgabe. Nicht nur, weil sie mich befriedigte, sondern ebenso sehr, weil sie mich herausforderte.

Für mich ist Paulus ein Mensch, der mit Genuss und Leid vorbildlich umgehen konnte. Seine Aussagen im Philipperbrief sind wegweisend: «Ich habe gelernt, in jeder Lebenslage zufrieden zu sein. Ich weiß, was es heißt, sich einschränken zu müssen, und ich weiß, wie es ist, wenn alles im Überfluss zur Verfügung steht. Mit allem bin ich voll und ganz vertraut: satt zu sein und zu hungern, Überfluss zu haben und Entbehrungen zu ertragen. Nichts ist mir unmöglich, weil der, der bei mir ist, mich stark macht» (Philipper 4,11–13).

Genießen und Verzichten müssen gelernt sein. Es geht um die Entwicklung eines Lebensstils, der in jeder Familie eingeübt werden kann, nämlich *ein ganz gewöhnliches Ereignis durch Wertschätzung zum Genuss oder Fest werden lassen.* Wie dies aussehen kann, erfuhren meine Frau und ich im vergangenen Sommer. Es ist zwar eher eine Schmunzelgeschichte. Aber sie trifft den Kern des Themas:

Im kleinen Vorgarten vor dem Eingang unserer Wohnung blühen im Sommer viele Rosenstöcke in bunten Farben. Neben ihnen gedeihen zwei Heidelbeersträucher. Für ein kleines Erdbeerbeet, das wir uns gewünscht hätten, blieb leider kein sonniger Platz mehr frei.

Eines Tages entdeckte meine Frau in einem Gartencenter Hänge-Erdbeeren, die in Töpfen wachsen. Da die Sonne im Sommer unseren Hauseingang stark bescheint, kauften wir uns zwei Töpfe und befestigten sie auf beiden Seiten der Haustür. Die Ausbeute dieses «Beerengartens» war zwar recht bescheiden: Es gab zur Ergänzung unseres Frühstücks täglich einige Heidelbeeren und im Schnitt zwei sehr schmackhafte Erdbeeren. Diese kleinen Leckerbissen werden wir gewiss auch während des kommenden Sommers genießen.

Wenn wir es im Verlauf unseres Lebens lernen, ganz gewöhnliche Ereignisse durch Wertschätzung zum Genuss werden zu lassen, tragen wir dazu bei, im Alter nicht ungenießbar zu werden.

Heinz und ich genießen so viel in unserem gemeinsamen Alltag: Wenn das Wetter es erlaubt, sitzen wir auf unserem Balkon und horchen auf den Gesang der Vögel, beobachten das Leben auf dem Bauernhof unserer Nachbarn und schauen zu, wie die roten Züge der Rhätischen Bahn von den Intercitys der Bundesbahn überholt werden.

Es ist für uns ein Genuss zu erleben, wie die Natur sich je nach Jahreszeit verändert. Ist der Wald am Berghang uns gegenüber im Winter noch weiß oder braun, wird er im Frühling hellgrün und dann sattgrün, bis er im Herbst in prächtigem Gelb und Rot leuchtet.

Unser Leben kennt noch weitere Freuden: die Enkelkinder, ein leckeres Essen, Treffen mit Freunden, die Pflege unserer Rosen und vieles mehr. Ganz besonders gern sind wir mit dem Generalabonnement[13] kreuz und quer in der Schweiz unterwegs. Ein großer Teil dieses Buches entstand auf solchen Bahnfahrten. Ich könnte die Liste der Kleinigkeiten, die unser Leben bereichern, noch beliebig erweitern.

Ein Stück weit bin ich mit der Aussage einig: «Genießen kann nur, wer verzichten gelernt hat.» Unsere Kindheit bestätigt es. Meine Schwestern und ich bekamen von unserem Vater praktisch alles, was wir uns wünschten. Wir wohnten in einem schönen, großen Haus mit viel Garten rundum, der zum Spielen einlud. Für unsere Zeit war das Haus sehr modern eingerichtet: Geschirrspüler, Waschmaschine, Wäschetrockner und ein riesiger Kühlschrank voller Lebensmittel. Als die ersten Fernsehgeräte auf den Markt kamen, schaffte unser Vater sofort eines an. Wir besuchten gute Schulen und trugen geschmackvolle Kleider.

Nein, wir mussten nicht verzichten. Man würde meinen, dass wir dafür dankbar gewesen wären. Für uns war es aber selbstverständlich. Wir erwarteten den hohen Lebensstandard. Von dankbarem Genießen keine Spur. Wenn etwas unseren Vorstellungen nicht entsprach, wurden wir unzufrieden.

Ich spürte zwar, dass unsere Mutter mit der Haltung unseres Vaters (seinem Umgang mit Geld, seinen Schulden und der Verwöhnung seiner Töchter) nicht einverstanden war. Sie musste ständig Grenzen setzen. Das führte zu Konflikten. Alles, was ich erlebte, war gefühlsmäßig eine Mischung aus Erwartungen, Drucksituationen, Schuldgefühlen und Enttäuschungen. Dies löste in mir eine starke Anspannung aus. So konnte ich das viele Gute nicht genießen.

In meiner ersten Ehe lernte ich, was verzichten heißt. Dadurch wuchs in mir Dankbarkeit für die kleinen und großen Freuden des Lebens. Jetzt verstehe ich, dass nicht das «Verzichten» an sich dazu führt, genießen zu können. Das Wesentliche ist unsere Einstellung. Wer durch Verwöhnung hohe Erwartungen hat, wird enttäuscht, wie meine Geschichte zeigt. Wer durch Verzichten lernt, die Kleinigkeiten im Leben zu sehen und zu schätzen, wird genussfähig. Wer nur auf das Verzichten schaut, wird blind für das Gute in seinem Leben.

«Die Kleinigkeiten im Leben zu sehen und zu schätzen» fördert die Genussfähigkeit. Ein inneres Einverständnis für unerwünschte Veränderungen in unserem aktiven Leben zu gewinnen, stärkt unsere Leidensfähigkeit. Beides wird uns helfen, im Alter nicht ungenießbar zu werden. Wie dies aussehen kann, zeigen die folgenden Beispiele.

«Es ist nun einmal so»

Die Aussage: «Es ist nun einmal so», ist vieldeutig. Sie drückt, je nach innerer Befindlichkeit, ganz verschiedene Haltungen aus.

«Es ist nun einmal so» sagt einer, der seiner Resignation Ausdruck verleiht. Vielleicht ist ein lange gehegter Wunsch nicht in Erfüllung gegangen, oder er musste auf etwas verzichten. Jetzt überlässt er sich seinem Selbstmitleid. In diesem Gefühl steckt ja auch ein wenig Lust-Ersatz nach dem Motto: «Die Welt ist böse. Jeder denkt an sich. Nur ich denk an mich!»

Wenn das «Es ist nun einmal so» trotzig und auflehnend daherkommt, klingt es scheinbar stark. Meist ist es jedoch ein Ausdruck tiefer Verunsicherung oder Verzweiflung. Wir sehen einen Menschen vor uns, der sich mit seiner Situation nicht abfinden kann. Vielleicht will er es auch gar nicht. Es scheint, dass er die Tür der Hoffnung endgültig zugeschlagen hat.

«Es ist nun einmal so» kann aber auch bedeuten, dass jemand mit einer positiven Haltung im Spannungsfeld zwischen Lust und Verzicht steht: Ich bleibe dran, meine Lebensumstände immer wieder zu bejahen und die Herausforderungen einer Veränderung anzunehmen. Wer dies im tätigen Leben lernt, wird weniger Gefahr laufen, im Alter ungenießbar zu werden.

Der junge Mann hat eben den Bescheid erhalten, dass er nach den letzten beiden erfolglosen Semestern das Gymnasium verlassen muss. Ein harter Schlag. Er weiß nicht, was ihn mehr schmerzt: sein persönliches Ungenügen oder die Enttäuschung seines Vaters, der seit Jahren darauf hingearbeitet hat, seinem Sohn einmal eine akademische Ausbildung zu ermöglichen.

Nach einer Zeit der Enttäuschung entschließt er sich für eine Berufslehre. Bald wird ihm bewusst, dass er sich in dieser auf die Praxis ausgerichteten Ausbildung wohlfühlt. Später entdeckt er interessante Aufstiegsmöglichkeiten, die seinen Fähigkeiten entsprechen. Nach einigen Jahren wird er mit Stolz auf diese Lebensphase zurückschauen.

Entsetzt steht die hübsche Frau vor dem Spiegel. Schon wieder eine neue Falte in ihrem gepflegten Gesicht. Dabei steht sie doch erst in der Lebensmitte. Die in der Reklame als erfolgreich angepriesene Hautcreme hat offensichtlich nicht gewirkt. In nächster Zeit werden weitere Falten zum Vorschein kommen. Was für eine Zukunftsvision!

Das Thema verfolgt sie wochenlang. Bis sie zufällig vor dem Dorfladen ihrer betagten Nachbarin begegnet. Eine liebenswürdige Person mit einem ausdrucksstarken Gesicht. Sie kommen miteinander ins Gespräch. «Eigentlich eine schöne Frau», denkt die Jüngere. Gleichzeitig wird ihr bewusst, dass das Gesicht ihrer Nachbarin nicht nur von Falten, sondern von tiefen Furchen durchzogen ist. Sie entsprechen ihrem Alter, aber sie beeinträchtigen ihre Ausstrahlung nicht. Nachdenklich kehrt sie in ihr Haus zurück.

Der Rentner verschwieg es lange. Aber vor kurzem hat er sich überwunden und den Arzt gebeten, ihm ein Potenzmittel zu verschreiben. Nun sitzt er wieder im Sprechzimmer und muss eingestehen, dass es nichts gebracht hat. Noch vor wenigen Jahren hätte er sich nicht vorstellen können, sexuell nicht mehr aktiv zu sein. Was für ein Verlust von Lebensqualität! Nun ist es so weit. In den folgenden Wochen macht er eine interessante Entdeckung. Die Beziehung zu seiner Frau hat sich durch das Wegfallen der körperlichen Begegnungen nicht verschlechtert, sondern noch vertieft. Er erfährt einmal mehr: «Es gibt erfülltes Leben trotz vieler unerfüllter Wünsche.»[14]

9
Auf dem kürzesten Umweg zum Ziel

Ärgerlich! Eben habe ich auf der Autobahn die Ausfahrt verpasst. Nun steht mir ein zeitraubender Umweg bevor. Und das bei Stoßverkehr. Ich werde zu spät ankommen!

Solche Erlebnisse bestärken uns in der Meinung, ein Umweg sei grundsätzlich etwas Negatives, weil es dabei meist um Zeitverlust und Kräfteverschleiß geht.

Dies gilt auch für Umwege in unserem Leben. Wir können ihnen, zumindest anfänglich, nichts Gutes abgewinnen. Im Rückblick stellen wir allerdings fest: Einige von ihnen haben sich nachträglich als hilfreich erwiesen.

Alt- und neutestamentliche Texte zeigen uns, dass Gott sein Volk oder einzelne Menschen oft auf Umwegen an das vorgesehene Ziel führte. Von sich aus hätte wohl niemand von ihnen diese Route gewählt.

Der Umweg wird zum Ausweg

Beim Auszug des Volkes Gottes aus Ägypten konnte es wahrscheinlich kein Israelit verstehen, weshalb sich ihr Führer Mose für den Fluchtweg durch das Schilfmeer entschied. Erst nach der Vernichtung der Armee Pharaos wurde ihnen klar, dass dieser Umweg zum Rettungsweg für ihr Volk geworden war.

Wir wissen nicht, wie oft sich David in seinem späteren Leben fragte, weshalb ihm Gott vor und nach seiner offiziellen Krönung so viele Umwege zugemutet hatte. Die harten Zeiten auf der Flucht vor Saul und die Verfolgung durch seinen eigenen Sohn Absalom blieben ihm wohl sein Leben lang unverständlich. Trotzdem konnte er rückblickend sagen: «Gelobt sei der Herr täglich. Gott legt uns eine Last auf, aber er hilft uns auch» (Psalm 68,20).

Auch Hiob erlebte in seiner Gottesbeziehung seltsame Umwege. Die Ausgangssituation war zwar viel versprechend gewesen. Seine Frömmigkeit hatte ihm über Jahre inneren Halt gegeben und äußeres Ansehen gebracht. Das Unglück, das ihm widerfuhr, und seine radikale Auflehnung gegen Gottes Wege mit ihm und seiner Familie schienen nicht in diese heile Glaubenswelt zu passen. Auf dem Umweg über die Streitgespräche und Auseinandersetzungen mit seinen Freunden fand er einen neuen Zugang zu Gott. Dies befreite ihn aus der Enge seiner bisherigen Vorstellungen und führte ihn auf den weiten Raum eines tiefen Vertrauens zu Gott.

Am Anfang des Neuen Testaments wird uns von einem Umweg berichtet, der wie eine Umkehrung des Auszugs Israels aus der Knechtschaft anmutet. Maria und Joseph mussten auf Gottes Anweisung nach Ägypten ziehen, statt nach Hause zurückzukehren. So wurde ihr Kind vor der Verfolgung durch Herodes bewahrt.

Umwege können zur Persönlichkeitsentfaltung beitragen. Als Paulus und Barnabas ihre erste Missionsreise antraten, nahmen sie Johannes Markus, einen Neffen von Barnabas, als Gehilfen mit (Apostelgeschichte 13,13). Nach wenigen Reiseetappen trennte sich der junge Mann von ihnen und kehrte nach Jerusalem zurück. Vor dem Aufbruch zur zweiten Missionsreise kam es zu einer harten Auseinandersetzung zwischen den beiden Missionaren. Barnabas wollte seinen Neffen wieder mit dabei haben. Paulus aber weigerte sich, «einen Mann mitzunehmen, der sich (das vorige Mal) ... von ihnen getrennt und sie nicht auf das Arbeitsfeld begleitet hatte» (Apostelgeschichte 15,38).

Der Streit führte zur Trennung. Barnabas ging mit Johannes Markus auf die Reise, Paulus wählte sich Silas zum Begleiter.

Dies führte zu einer schmerzlichen Entfremdung. Aber in den folgenden Jahren geschah Erstaunliches. Aus späteren biblischen Texten erfahren wir, dass der einst unzuverlässige junge Mann sich zu einem wertvollen, tragfähigen Mitarbeiter entwickelte, der sich auch mit Paulus wieder versöhnt hatte. Der Apostel bezeichnet ihn in Briefen aus seiner Gefangenschaft als hilfreichen Mitarbeiter (Kolosser 4,10 und 11), dessen Dienste er lobt (2. Timotheus 4,11). Und Petrus erwähnt den ehemaligen Versager als einen, der sich in der Verfolgung bewährt (1. Petrus 5,13). Viele Ausleger sehen in Johannes Markus den Verfasser des Markus-Evangeliums.

Umwege im Leben eines Menschen sind meist mehr als nur mühsame «Zusatzrunden».

Das Hindernis als Lebenschance

In einer russischen Erzählung wird das Schicksal eines Bauern beschrieben, dem sein einziges Pferd entlaufen war. Seine Nachbarn bezeugten ihm ihr Mitleid und bedauerten sein Unglück. «Weshalb wisst ihr, dass dies ein Unglück ist?», fragte er sie. Wenig später erschien sein Pferd wieder und mit ihm eine kleine Herde von Wildpferden, die sich ihm angeschlossen hatten. Voller Freude machte sich der Sohn des Bauern daran, sie zu zähmen. Eines Tages fiel er beim Zureiten vom Pferd und brach sich ein Bein. Zu den Nachbarn, die ihn trösten wollten, sagte der Bauer: «Woher wisst ihr, dass dieser Unfall ein Unglück ist?» Kurze Zeit danach brach ein Krieg aus. Ein militärisches Kommando erschien im Dorf, um die wehrfähigen jungen Männer unter Zwang zu rekrutieren. Da der Sohn in seinem gegenwärtigen Zustand nicht kriegstauglich war, wurde er verschont.

Ein scheinbar unüberwindliches Hindernis wurde in meiner Jugendzeit zu einer wichtigen Weichenstellung für mein künftiges Leben.

Als ich mich kurz vor meinem Schulabschluss unter dem Eindruck einer Predigt über den guten Hirten entschloss, mein Leben Gott anzuvertrauen und künftig mit diesem guten Hirten zu rechnen, wurde mein junger Glaube nach kurzer Zeit tüchtig auf die Probe gestellt. Das Ende meiner Sekundarschulzeit stand nahe bevor. Noch ein halbes Jahr! Ich sehnte mich nach künftiger Freiheit ohne Schuldruck. Mir schwebte vor, Förster oder Landwirt zu werden. Einziger Beweggrund: weniger Schule und viel Zeit in freier Natur. Aber es sollte anders kommen.

Kurz nach den Herbstferien erkrankte ich an einer Angina. So lautete die Diagnose des Hausarztes. Als nach zwei Tagen mein Rachenraum gefährlich anschwoll und ich zu ersticken drohte, wurde ich notfallmäßig in die Quarantäne-Abteilung der Kinderklinik eingewiesen.

Der Arzt hatte unterdessen gemerkt, dass es sich um Diphterie handelte, eine Krankheit, die damals noch lebensgefährlich war. Mit dem Antibiotikum Penicillin, das wenige Jahre zuvor entwickelt worden war, begannen die Ärzte einen Kampf um mein Leben. In der ersten Zeit war ich meist nicht voll bei Bewusstsein. Ich spürte nur die Spritzen, die mir jede dritte Stunde verabreicht wurden, und erblickte wie durch einen Schleier Prof. Fanconi, den Chefarzt der Klinik, der sich täglich über mich beugte und mich in seinem Bergeller Akzent ermutigte: «Gommt schon wieder gutt, Heinz.»

Nach zwei Monaten ununterbrochener Behandlung mit Penicillin war das Schlimmste überstanden. Die Lebensgefahr schien gebannt zu sein. Da kam neues Unheil auf mich, aber auch auf die Ärzte zu. Die Krankheit führte zu Lähmungserscheinungen in allen Muskeln meines Körpers. Noch nie zuvor war mir so eindrücklich vor Augen geführt worden, an wie vielen Stellen meines Körpers Muskeln ihren wichtigen Dienst versehen. Die Arm- und Bein-, aber auch die Augenmuskeln und die Zunge versagten. Schließlich wurde der Herzmuskel entscheidend beeinträchtigt. Nun waren die Ärzte ratlos. Ich spürte etwas von ihrer Hilflosigkeit, wenn sie mich täglich ermahnten: «Bleib ganz ruhig auf dem Rücken liegen. Aufsitzen könnte für dich lebensgefährlich sein.»

Rückblickend stelle ich mit Erstaunen fest, dass mir diese Krankenhauszeit, die drei Monate dauerte, nicht als unerträglicher Lebensabschnitt in Erinnerung geblieben ist. Obwohl meine Eltern mir nur durch die Glaswand zuwinken konnten und alle meine Freunde das Quarantäne-Gebäude nicht betreten durften (von Telefonanschlüssen an den Betten sprach damals noch niemand), fühlte ich mich geborgen und war eigentlich zufrieden. Die Beziehung zu meinem Herrn, dem ich mich ein halbes Jahr zuvor anvertraut hatte, kam zum Tragen.

An Weihnachten öffneten die Krankenschwestern die Fenster zum Park, damit ich die Lieder meiner Pfadfinderkameraden hören konnte. Nach diesen Festtagen stellte sich die Frage immer deutlicher, wie lange wohl dieser Klinikaufenthalt noch dauern würde. Auch meine Eltern machten sich ihre Gedanken.

Da keine Ansteckungsgefahr mehr von mir ausging und die Ärzte keine neuen therapeutischen Erkenntnisse hatten, nahm meine Mutter die Angelegenheit in die Hand. Sie wies den Professor darauf hin, dass ich auch zu Hause mit der nötigen Pflege rechnen und in meinem eigenen Bett ruhig auf dem Rücken liegen könne. Er stimmte einer Entlassung zu. Allerdings mussten meine Eltern die Verantwortung für diesen Entscheid übernehmen. So wurde ich dann sorgfältig in einen Krankenwagen geschoben, nach Hause gefahren und in meinem Bett «stillgelegt». Weitere zwei Monate verstrichen. Nun besuchte mich unser Hausarzt regelmäßig, um die mir bekannten Ermahnungen zu wiederholen.

Wenn ich an diesen Lebensabschnitt zurückdenke, kommt mir die Aussage Kierkegaards in den Sinn: «Man kann das Leben erst rückwärts verstehen, aber man muss es vorwärts leben.» Diese Erkenntnis wurde mir erst nach einer längeren Wartezeit geschenkt. Darüber werde ich später berichten.

Es gibt allerdings Hindernisse, die uns sogar im Nachhinein noch unverständlich bleiben, weil sie auch rückblickend keinen Sinn zu machen scheinen. Dann können wir nichts anderes tun, als die Angelegenheit Gott zu überlassen.

Johannes der Täufer hatte nach der Taufe Jesu die Stimme Gottes gehört: «Dieser ist mein geliebter Sohn, an dem ich Wohlgefallen gefunden habe» (Matthäus 3,17). Eine eindrückliche Bestätigung seines Auftrags, die Ankunft des Christus vorzubereiten. Nach einer harten Zeit der Gefangenschaft im Kerker des Herodes begann er zu zweifeln, schickte zwei seiner Jünger zu Jesus und ließ ihn fragen: «Bist du es, der da kommen soll [das heißt: der verheißene Messias], oder sollen wir auf einen andern warten?» (Lukas 7,18–19). Offensichtlich konnte er nicht verstehen, weshalb ihn Gott einen so schweren Weg führte. Wir wissen nicht, ob ihn die Antwort Jesu ermutigte und tröstete. Seine Hinrichtung am Hof des Herodes bleibt unverständlich und lässt viele Fragen offen.

Die alten Mystiker wussten um das Geheimnis der Umwege und Hindernisse im Leben mit Gott. Das kommt in ihren Schriften zum Ausdruck. So sagte Johannes Tauler (ca. 1300–1361):

«Du wirst auf deinem Weg immer auf Hindernisse stoßen. Sie sind wichtig, damit du stärker wirst. Du wirst in Engpässe geraten. Sie zwingen dich, deine alten Lebensmuster abzulegen, all deine Projektionen aufzugeben, die du dir von Gott gemacht hast, und dich stattdessen mehr und mehr auf den wirklichen, auf den ganz anderen, auf den unbegreiflichen Gott einzulassen.»

Es könnte sich lohnen, einmal auf die Umwege, Hindernisse und Störungen zurückzuschauen, die Gott uns im Laufe unseres Lebens zumutete. Wahrscheinlich würden wir entdecken, dass oft Gutes entstand, wo wir uns auf solche «Zumutungen» einließen. Ich möchte noch besser lernen, sie als Chancen zu erkennen und zuerst einmal Gott zu fragen: «Was möchtest du mir durch diese unbegreiflichen Lebensumstände sagen?»

Ein scheinbar unbedeutender Umweg wurde für mich zu einem weiteren Schlüsselerlebnis. Seither ist es für mich leichter, mir vorzustellen, dass «meine Zeit in Gottes Händen steht» (Psalm 31,16).

Ich hatte mich als Englischlehrerin für eine Fortbildung angemeldet. Nach den Aufnahmegesprächen wurden die TeilnehmerInnen in zwei Gruppen eingeteilt. Die eine Gruppe sollte im Mai beginnen, die andere im Oktober. Ich war sehr unzufrieden darüber, dass ich in die zweite Gruppe kam. Nachträglich wurde mir bewusst: Dieses vermeintliche «Hindernis» hatte sich als Hilfe erwiesen. Denn im Mai starb mein erster Mann. Wäre ich in die erste Gruppe gekommen, so hätte ich die Ausbildung gar nicht beginnen können.

Noch mehr: Die Tatsache, dass die Ausbildung dann im Winterhalbjahr stattfand, war ein Vorteil. Ich musste in dieser Zeit der Trauer regelmäßig aufstehen und täglich ein Ziel verfolgen. Ich habe den Eindruck, dass Gott den Zeitpunkt der Ausbildung für mich vorbereitet hatte. Wenn heute meine Pläne in irgendeiner Weise durchkreuzt werden, kann ich besser darauf vertrauen, dass Gott etwas anderes im Sinn hat. Schließlich hat er den letzten Durch- und Überblick.

«Wie schön, ein neues Spiel», sagte ich begeistert, als meine Mutter mir ihre neueste Errungenschaft zeigte.

«Ouija Board» las ich auf der Schachtel. Fragend schaute ich meine Mutter an.

«Mit diesem Brett kannst du deine Zukunft erfragen», erklärte sie.

Damit machte ich, zwölfjährig, auf meiner Suche nach Gott einen gefährlichen Umweg, der mir vorerst schadete. Ich fing an, das «Spiel-Brett» über meine Zukunft zu befragen und bekam auch Antworten. Von einem Brett? Ein Brett kann nicht von sich aus reden. Da muss etwas anderes dahinterstecken. Ein Weg in die unsichtbare Welt öffnete sich vor mir. Er führte mich in weitere Bereiche des Okkulten. Ich befasste mich immer mehr mit dieser Welt.

Erst als ich bewusst mein Leben Jesus übergab, begriff ich, dass dies alles andere als ein Spiel gewesen war. Die Mächte, mit denen ich in Kontakt gekommen war, machten sich gegen mich auf, als ich Christ wurde. Unfreiwillig drängten sich dunkle Bilder und Gedanken vor meine inneren Augen. Als ich dies meiner Seelsorgerin erzählte, fragte sie mich, ob ich mich irgendwie mit Zukunftsdeuterei oder Ähnlichem befasst hätte. Ich war erstaunt. Zum ersten Mal wurde mir bewusst, dass es in der geistigen Welt gute und böse Mächte gibt.

Ich bin heute dankbar, dass ich dies in meinem Leben als Christ früh lernen durfte. In einem Gebet mit der Seelsorgerin bat ich für mich und meine Familie um Befreiung von diesen Mächten. Nachher ging es mir besser. Als die Gedanken und Bilder zurückzukommen versuchten, wies ich sie im Namen von Jesus Christus weg. Sie sind nie mehr gekommen.

Diese Erfahrung zeigte mir, dass es nicht harmlos ist, sich in Praktiken wie Tischrücken, Zukunftsdeuten, Gespräche mit Toten usw. einzulassen. Jetzt weiß ich, dass Jesus stärker ist. Er sagt von sich: «Mir ist alle Macht gegeben im Himmel und auf Erden» (Matthäus 28,18). Dies habe ich immer wieder erlebt. Auf diesen Umweg hätte ich gerne verzichtet. Aber Gott ist es möglich, unsere Umwege in Segenswege zu verwandeln!

10
Im Spannungsfeld zwischen Heil und Leid

Im Alten Testament bedeutet der Begriff *Heil* vor allem «Rettung in dem Sinn, dass Menschen aus einer sie bedrohenden Lebensgefahr herausgerissen werden, zum Beispiel im Krieg, bei einer Seefahrt, während einer Krankheit.»[15] Als Gott den Israeliten beim Durchschreiten des Schilfmeers zu Hilfe kam, sprach Mose zum Volk: «Fürchtet euch nicht, steht fest und seht zu, was für ein Heil der Herr heute an euch tun wird» (2. Mose 14,13). Andere Textstellen sprechen von Gott als dem Heil (Psalm 65,6 oder Jesaja 17,10).

Im Neuen Testament wird bezeugt, dass von Jesus das Heil ausgeht (Johannes 4,22 und Apostelgeschichte 4,12). Sein Kommen ist das große Heilsereignis. Wer diesem Christus begegnet, erfährt Heil. So erlebte es Zachäus. Jesus holte ihn vom Baum herunter, weil er bei ihm einkehren wollte. Am Ende der Begegnung fasste der Oberzöllner einen Entschluss: «‹Siehe, Herr, die Hälfte meines Vermögens will ich den Armen geben, und wenn ich jemand in etwas übervorteilt habe, will ich es ihm vierfach ersetzen!› Da sagte Jesus zu ihm: ‹Heute ist diesem Hause Heil widerfahren›» (Lukas 19,8–9). Lebenswende als Heilsgeschehen!

Heilserfahrungen

Als ich mich mit fünfzehn Jahren entschlossen hatte, mein Leben Gott anzuvertrauen, war dies im biblischen Sinn ein Heilserlebnis. Aber in der nachfolgenden Krankheitszeit stand ich mit meiner Familie unerwartet im Spannungsfeld zwischen Heil und Leid. Es wurde verstärkt durch den immer deutlicher werdenden Eindruck, dass medizinisch wohl keine große Hoffnung mehr auf Genesung bestand.

In diese Zeit hinein fiel ein entscheidendes Ereignis: Mein Pfadfinderführer hatte mir in den vergangenen Monaten viel Ermutigung gegeben. Eines Abends waren wir allein zu Hause. Nachdem er mir aus dem Pfadfinderalltag berichtet hatte, begannen wir, ohne Rücksicht auf die Unmöglichkeit unserer Pläne, Luftschlösser zu bauen. Wir überlegten uns, wie es wäre, einmal gemeinsam eine Evangelische Schule aufzubauen. In meiner langen Krankheitszeit war nämlich in mir der Wunsch nach einer weiteren schulischen Ausbildung geweckt worden. Nun wollte ich Lehrer werden, obwohl alles gegen ein gesundes Weiterleben sprach.

Noch heute höre ich die Stimme meines Freundes in die Stille des Abends hinein: «Denkst du, Heinz, dass die Ärzte dich noch gesund machen können?»

Ich verneinte.

«Glaubst du, dass Jesus dich heilen könnte?»

Davon war ich überzeugt, hatte ich doch schon in der Sonntagsschule und später in der persönlichen Bibellektüre von den Wundern Jesu vernommen. Seine nächste Frage kam für mich aber trotzdem etwas überraschend:

«Bist du einverstanden, dass ich jetzt Gott bitte, dich zu heilen?»

Ich war es.

Heute ist mir allerdings nicht mehr so ganz klar, ob ich mein Vertrauen auf den Glauben meines Freundes oder auf Gott gesetzt hatte. Nun kniete er vor meinem Bett nieder:

«Jesus, wir wissen, dass die Ärzte meinen Freund nicht mehr gesund machen können. Ich bitte dich, heile du ihn.»

Auf dieses schlichte Gebet hin half er mir, mich aufzurichten. Meine Beine, die vor mir über den Bettrand baumelten, waren kaum dicker als die darunter liegenden Knochen. Dies war nach fünfmonatigem Liegen ohne jede Physiotherapie auch nicht erstaunlich. Nun stützte er mich unter den Armen. Wir schritten langsam ans andere Ende des Zimmers und zurück. Als ich wieder im Bett lag, dankten wir Gott für seine Güte.

Später kamen meine Eltern von einer Veranstaltung nach Hause. Sie reagierten mit dankbarer Freude, als hätten sie schon immer mit der Möglichkeit gerechnet, dass wir Gottes Eingreifen erfahren könnten. Als unser Hausarzt mich einige Tage später besuchte, ging ich ihm an der Haustüre entgegen.

Es war uns allen deutlich geworden, dass an diesem Abend eine Weichenstellung für mein künftiges Leben vollzogen worden war. Und nun konnte ich täglich feststellen, dass ich wirklich gesund war. Bei meinen Einsätzen als Pfadfinderführer, im Turnunterricht am Lehrerseminar, aber auch später im Militärdienst machte mein Herz nie die geringsten Schwierigkeiten. Gott hatte mich völlig wiederhergestellt. Diese Tatsache war für mich ein Heilserlebnis. Für meine Mutter war das nichts Neues. Auch sie hatte Jahre zuvor Gottes Eingreifen in einer lebensbedrohenden Krankheitssituation erlebt.

Die Familie meiner ersten Frau Heidi hatte ähnliche Erfahrungen gemacht: Während unserer Verlobungszeit erkrankte Heidis Bruder Hans-Ruedi schwer. Kaum in die Rekrutenschule eingerückt, brach er eines Morgens beim Appell bewusstlos zusammen. Da der Verdacht auf eine Hirnerkrankung bestand, wurde er ins Kantonsspital Zürich eingeliefert, wo die Ärzte einen Hirntumor diagnostizierten.

Heidi durfte als Verwandte und angehende Krankenschwester bei der Operation dabei sein. Nach der Öffnung der Schädeldecke und einer ersten histologischen Abklärung meinte der damals weltweit bekannte Neurochirurg Prof. Krayenbühl resigniert: «Bei diesem Geschwür handelt es sich um eines der bösartigsten Karzinome. Es ist zudem so stark mit dem Atemzentrum verwachsen, dass wir nicht mehr operativ eingreifen, sondern nur noch die offene Wunde schließen können.»

Die folgenden Tage wurden für den Patienten, aber auch für seine Familie zum Albtraum. Da das Angebot an palliativen Maßnahmen in jener Zeit noch recht bescheiden war, vermochten die verordneten Medikamente die unsäglichen Schmerzen kaum zu lindern. An seinem Krankenlager beteten Freunde und Angehörige für ihn um Heilung. Und Gott griff ein, machte ihn auf eindrückliche Weise gesund und schenkte ihm anschließend für mehr als vierzig Jahre ein volles Leben mit seiner Frau und seinen Kindern.

Nachdem in den nächsten fünf Jahren keine neuen Krankheitssymptome mehr aufgetreten waren, reiste Hans-Ruedis Vater nach Zürich ins Kantonsspital. Er war als Landarzt wenige Jahre zuvor in einer eindrücklichen Hinwendung zu Gott von schwerer Alkoholabhängigkeit befreit worden. Nun traf er Prof. Krayenbühl und berichtete ihm, dass sein Sohn geheilt sei. Die Antwort des Neurochirurgen: «Dann war die Diagnose falsch!»

Ganz anders die Reaktion des Oberarztes Dr. Weber, der bei jener Operation assistiert hatte und später als Neurochirurg Professor am Kantonsspital St. Gallen war. Als ich ihm zufällig etwa zwanzig Jahre später begegnete, fragte ich ihn: «Können Sie sich an den Patienten Hans-Ruedi Sartorius erinnern?»

«Aber natürlich», meinte er. «Ist er gestorben?»

Nachdem ich ihm geschildert hatte, was damals geschehen war, wies er mit seinem Zeigefinger nach oben und sagte: «Ja, sehen Sie, es steht letztlich nicht in unserer Hand.»

Im Leid wachsen

Die Erfahrung, dass Gott unser Leid in Heil verwandeln kann, wirkt auf uns zutiefst ermutigend. Wenn aber das Leid nicht aufgehoben, zum Beispiel eine Krankheit nicht geheilt wird, sondern ertragen werden muss und allenfalls zum Tod führt? Dann werden frühere Heilungserlebnisse, die uns noch lebhaft vor Augen stehen, zur Herausforderung. Und das Thema heißt nun nicht mehr Bewahrung vor Todesnot, sondern Bewährung im Leid.

Einige Jahre vor meinem Eintritt in den Ruhestand verbrachten meine erste Frau und ich auf Kreta die schönsten Ferien unseres Lebens. Als wir mit der Fähre den Heimweg antraten, fühlten wir uns so glücklich wie schon lange nicht mehr. Wir freuten uns auf eine neue, von Aufgaben und Pflichten weniger belastete Lebensphase, die vor uns zu liegen schien. Dass in wenigen Monaten der letzte Lebensabschnitt meiner Frau beginnen sollte, ahnten wir damals noch nicht. Bald wurden wir mit der Tatsache konfrontiert, dass sie an einem stark fortgeschrittenen Melanom, einem sehr aggressiven Hautkrebs, erkrankt war. Nun hatten wir uns mit einer neuen Erfahrung auseinanderzusetzen. Wir baten Gott um Heilung, und viele Freunde unterstützten uns mit ihrem Gebet. Aber es kam anders. Obwohl wir zwischendurch längere Phasen erlebten, in denen es schien, die Krankheit sei besiegt, nahm Gott meine Frau von uns.

Nun sah ich mich plötzlich in die Lage vieler Freunde und Bekannten versetzt, die wir früher in schwierigen Lebensabschnitten begleitet hatten. Aus meinem Herzen stiegen Fragen empor, die ich bisher in dieser Intensität nicht gekannt hatte: Was soll dieser Tod? War das schwere Ereignis so etwas wie ein göttlicher «Betriebsunfall»? In einem Moment tiefer Niedergeschlagenheit sagte ich zu Gott: «Ich möchte dann später einmal wissen, wofür das Ganze gut sein soll!»

Bald bewegten mich noch andere Fragen: Weshalb erleben wir heute so viel weniger Krankenheilungen als in biblischen Zeiten? Erwarten wir zu wenig von Gott? Oder geschieht mehr im Verborgenen, als wir denken? Es kamen mir aber auch bedrängende Begegnungen mit Menschen in den Sinn, die uns zu verstehen gegeben hatten, dass die Krankheit meiner Frau in einem direkten Zusammenhang mit der Tiefe und Ernsthaftigkeit unseres Glaubens und Betens stehe: «Ihr müsst nur glauben!»

Solche Stimmen forderten mich heraus. Hat denn Jesus damals bestimmte Erwartungen an die Menschen gestellt, bevor er sie heilte? Biblische Texte, mit denen ich mich auseinandersetzte, bestätigten mir einerseits, dass das Eingreifen Gottes oft in einem Zusammenhang mit dem Vertrauen der betroffenen Menschen stand. Gleichzeitig aber wurde deutlich: Die Heilung bleibt immer Gottes freier, souveräner Gnadenakt. Einige Textstellen zeigten mir, wie unterschiedlich Jesus mit Kranken umging.

Das Heil liegt in Gottes Hand

«Da trat ein Aussätziger herzu, warf sich vor ihm nieder und sagte: ‹Herr, wenn du willst, kannst du mich reinigen.› Jesus streckte seine Hand aus, fasste ihn an und sagte: ‹Ich will's, werde rein!› Da wurde er sogleich von seinem Aussatz rein» (Matthäus 8,2 und 3).

In der gleich anschließenden Geschichte wird der Zusammenhang zwischen dem Vertrauen des bittenden Hauptmanns und der Heilung seines Dieners noch deutlicher. Jesus sagte zu ihm: «Ich will kommen und ihn heilen.› Der Hauptmann aber entgegnete: ‹Herr, ich bin nicht wert, dass du unter mein Dach trittst; nein, gebiete nur mit einem Wort, dann wird mein Diener gesund werden.› ... Als Jesus das hörte, verwunderte er sich und sagte zu seinen Begleitern: ‹Wahrlich, ich sage euch: In Israel habe ich bei niemand solchen Glauben gefunden› ... Zu dem Hauptmann aber sagte Jesus: ‹Geh hin! Wie du geglaubt hast, so geschehe dir!› Und sein Diener wurde zur selben Stunde gesund» (Matthäus 8,5–13).

Die Geschichte des verzweifelten Vaters (Markus 9,17–27), der mit seinem kranken Sohn vor Jesus stand, zeigt uns eine andere Ausgangslage. «Wenn du es irgend vermagst, so hilf uns und habe Erbarmen mit uns!» Die Antwort des Meisters: «Alles ist dem möglich, der Glauben hat», führte zum ehrlichen Eingeständnis des Vaters: «Ich glaube: hilf meinem Unglauben.» Der Zweifel des Vaters hinderte Jesus nicht, den Sohn zu heilen.

Der Kranke am Teich Bethesda wusste gar nicht, mit wem er es zu tun hatte, als Jesus ihn mit den Worten ansprach: «Willst du gesund werden?» (Johannes 5,6). Er gab nicht einmal eine direkte Antwort auf diese wichtige Frage, sondern sagte nur resigniert, dass er gar keine Chance habe, zur rechten Zeit ins heilende Wasser zu gelangen. Jesus machte ihn ohne Vorbedingungen gesund. Ganz ähnlich erging es dem Blindgeborenen in Johannes 9,36, der erst nach seiner Heilung in einer zweiten Begegnung mit Jesus erkannte, mit wem er es zu tun gehabt hatte.

Einmal lehrte Jesus in einer der Synagogen am Sabbat. «Da war gerade eine Frau anwesend, die schon seit achtzehn Jahren einen Geist der Schwäche hatte; sie war zusammengekrümmt und unfähig, sich ordentlich aufzurichten.» Jesus rief sie zu sich und sagte zu ihr, ohne dass sie ihn darum gebeten hatte: «Frau, du bist von deiner Schwäche befreit!» Er legte ihr die Hände auf und heilte sie (Lukas 13,11–13).

In diesen Geschichten spüren wir wieder den Spannungsbogen, der in so vielen biblischen Texten zum Ausdruck kommt. Heil widerfährt uns Menschen, wenn wir Gott begegnen, wenn wir körperlich geheilt werden oder in einer leidvollen Situation Hilfe erfahren. Solche Erlebnisse entziehen sich unserem Verstehen. Gott wirkt in jedem Heilsgeschehen ganz souverän. Er bezieht uns aber gleichzeitig in sein Handeln ein, indem er unser Vertrauen herausfordert. Auch dann, und vielleicht in ganz besonderer Weise, wenn er unsere Bitten *nicht* erhört.

Diese Spannung wird durch Aussagen Jesu bestätigt, zum Beispiel wenn er seine Jünger einerseits auffordert, so hartnäckig wie die verzweifelt bittende Witwe zu beten (Lukas 18,1–8), ihnen aber an anderer Stelle sagt: «[Die Heiden] meinen, Erhörung zu finden, wenn sie viele Worte machen. Darum macht es nicht wie sie; euer Vater weiß ja, was ihr bedürft, ehe ihr ihn darum bittet» (Matthäus 6,7–8).

Roland Brown[16], der in seiner Gemeinde und bei seiner Vortragstätigkeit mit vielen Menschen um Heilung betete und das Eingreifen Gottes sehr oft erlebte, berichtet von der Begegnung mit einer Frau, die nach einem Gottesdienst auf ihn zukam. Sie war voller Sorge und Angst um ihren Sohn, der mit Kinderlähmung auf der Isolierstation des Krankenhauses lag: «Die Ärzte reden so, als müsse er sterben.»

Roland Brown nahm sie auf die Seite. Er rief zwei Mitarbeiter der Gemeinde dazu. Mit ihnen zusammen stellte er sich in eine Nische der Kirche. Dann wandte er sich an die Frau: «Wenn Sie wüssten, dass es Gottes Wille wäre, Ihren Jungen zu sich zu nehmen, könnten Sie ihn loslassen?»

Das war für diese Mutter eine harte und ungewohnte Frage. Nach einem längeren inneren Kampf sagte sie: «Ja, wenn ich sicher wüsste, dass es Gottes Wille ist, würde ich meinen Sohn loslassen.»

Pastor Brown brachte nun das Kind im Gebet vor Gott und übergab es völlig seiner Gnade und Weisheit. Drei Tage darauf wurde der Junge aus dem Krankenhaus entlassen ohne irgendeine Spur von Kinderlähmung.

Einige Jahre nach diesem Geschehen begegnete ich Roland Brown in einem Seminar. Krankenheilung war damals nicht das Thema. Eine der Teilnehmerinnen litt an einer stark fortgeschrittenen unheilbaren Krankheit. Da sie wusste, dass sie nach menschlichem Ermessen bald sterben würde, bat sie meine Frau und mich, mit Roland Brown zusammen um Heilung zu beten. In dieser Begegnung wurde uns deutlich, dass Heil und Leid in Gottes Hand aufgehoben sind, wie immer auch der weitere Weg der Betroffenen aussieht.

«Ich bin gerne bereit», sagte Roland Brown, «mit euch zusammen Gott um Heilung zu bitten. Wir schenken ihm unser

Vertrauen. Denn es steht in seiner Macht, gesund zu machen. Ob er das tun wird, kann ich euch nicht sagen. Dies müssen wir ihm überlassen.»

Nach dem Gebet waren wir ermutigt und gestärkt. In den folgenden Monaten blieben wir mit dieser Frau in Verbindung. Sie wurde nicht geheilt. Ihre letzte Lebenszeit war aber erfüllt von innerer Geborgenheit und tiefer Gewissheit der Gegenwart Gottes.

Die Begegnung mit Roland Brown und der Einblick in seine Lebensgeschichte haben mir geholfen, mit der Spannung zwischen Heil und Leid umzugehen. Er schreibt: «Je älter ich wurde, umso größer wurde der Wunsch nach der Gabe der Heilung. Zwanzig Jahre lang betete ich um diese Gabe. Heute weiß ich nun, dass mir Gott diese Gabe nicht ein für allemal gegeben hat, obwohl ich immer wieder erlebe, dass Menschen gesund werden, wenn ich für sie bete. Ich glaube aber, dass Gott mir dafür etwas gegeben hat, das noch wichtiger ist als die Gabe der Heilung. Es ist die Gabe der Liebe. Es fällt mir sehr leicht, jemanden zu lieben, auch diejenigen Menschen, die mich nicht lieben.»[17]

Die Spannung zwischen Leid und Heil wird hier auf Erden nie aufgehoben werden. Unzählige Menschen haben jedoch mitten im Leid Heilserfahrungen gemacht. Das letzte Ziel Gottes ist nicht einfach ein langes oder unbeschwertes Dasein, sondern Leben in seiner Gegenwart. Wenn ich auf dunkle Zeiten und unerfüllte Wünsche in meinem Leben zurückblicke, erkenne ich, dass mir leidvolle Erlebnisse trotz Schmerz oder Verzicht etwas gebracht haben, was mir wie ein innerer Schatz nicht mehr genommen werden kann. Im Verhältnis zu meinen Mitmenschen hat sich etwas verändert. Ich bin empfindsamer für das Leid anderer geworden. Aber auch mein Vertrauen zu Gott hat an Tiefe gewonnen. Ob ich wohl einmal mein Leben so vertrauensvoll in Gottes Hände legen kann wie Blaise Pascal? Von ihm stammt das Wort:

«Vater im Himmel, ich bitte weder um Gesundheit noch um Krankheit, weder um Leben noch um Tod, sondern darum, dass du über meine Gesundheit und Krankheit, über mein Leben und meinen Tod verfügst zu deiner Ehre und zu meinem Heil. Du allein weißt, was mir dienlich ist. Du allein bist der Herr; tue, was du willst. Gib mir, nimm mir, aber mache meinen Willen dem deinen gleich.»[18]

Als ich im Alter von einem Jahr auf dem sonnigen Platz hinter unserem Haus saß, begann ich plötzlich zu schreien. Meine Mutter sah, dass Schaum aus meinem Mund kam. Sie handelte sofort. Der Stich eines giftigen Skorpions brachte mich an den Rand des Todes. Im Krankenhaus kämpften die Ärzte um mein Leben. Meine Mutter betete in ihrer Angst, indem sie den 23. Psalm immer wieder vor sich hin sprach. Sie sagte mir später mit einem Schmunzeln: «Wenn Gott den 23. Psalm bis zu deiner Krankheit nicht auswendig kannte, dann ganz sicher nachher!» Bin ich nun gesund geworden, weil sie betete?

Ich war etwa zwölf Jahre alt, als mir meine Mutter erzählte, dass ihr Vetter vor einer lebensbedrohenden Kopfoperation stehe. Obwohl ich damals noch keine Beziehung zu Gott hatte, ging ich, einem inneren Drang folgend, auf die Knie und betete für ihn. Er wurde gesund. Ist er nun gesund geworden, weil ich betete?

Mein Lieblingsvetter, der in einer christlichen Familie aufgewachsen war, sich aber vom Glauben distanziert hatte, hörte jeweils intensiv zu, wenn ich ihm von meinen Erfahrungen mit der Krankheit meines ersten Mannes erzählte. Weil ich ihn sehr lieb hatte, war ich völlig bestürzt, als er mit 43 Jahren an Krebs erkrankte. Ich konnte dies nicht akzeptieren und bestürmte Gott Tag und Nacht, meinen Vetter zu heilen. Wahrscheinlich lag ich Gott mit meinem Bitten dermaßen in den Ohren, dass ich keine Zeit hatte, auf ihn zu hören! Da redete Gott das erste und einzige Mal in meinem Leben deutlich und laut hörbar zu mir. Er sagte: «Ann, ist es das Wichtigste, dass er geheilt wird?» Ich wusste intuitiv, dass mein Vetter körperlich nicht geheilt würde, und fing deshalb an, anders zu beten. Bevor er starb, fand er Frieden mit Gott. Warum ist er nicht körperlich geheilt, aber dafür innerlich heil geworden? Ich weiß es nicht. Gott hat es sich anders gedacht.

Gibt es überhaupt Antworten auf die Frage, weshalb gewisse Menschen geheilt werden und andere nicht? Das Thema «Heilung» beschäftigt mich seit Jahren. Ich erlebte, dass viele Christen sich in einem Spannungsfeld zwischen zwei Extremen bewegen. Das eine Extrem: «Jesus hat damals geheilt, aber das gilt nicht mehr für unsere Zeit.» Das andere Extrem: «Wenn wir genug Glauben haben, heilt Gott immer.»

So kann es geschehen, dass Heilung zu einem Beweis für die Echtheit des Glaubens und damit wichtiger wird als das Evangelium. Wenn ein Christ auf ein Heilungsgebet hin nicht gesund wird, besteht die Gefahr, dass seine Umgebung nicht mit dieser Tatsache umgehen kann. Es passt nicht in ihr Glaubensschema, dass jemand krank bleibt oder gar stirbt. Vielleicht verliert der Kranke dadurch seine Beziehung zu Gott und geht enttäuscht weg.

Als mein erster Mann psychisch krank wurde, taten wir alles, was menschlich und medizinisch möglich war. Dazu baten wir die Ältesten unserer Gemeinde, mit ihm zu beten. Ich wusste von Anfang an, dass Jesus heilen kann, und rechnete damit, dass er es tun würde.

An Ratschlägen von anderen Christen, was wir tun müssten, damit mein Mann geheilt würde, mangelte es nicht. Eine Antwort war: Fasten und Beten. Andere hatten prophetische Worte, dass mein Mann geheilt werden würde. Wieder andere meinten: «Komm mit uns in diese Heilungsversammlung.» – «Geh zu jenem Arzt.» – «Dort ist ein christliches Krankenhaus.» – «Lies dieses Buch über Dankbarkeit. Wenn du nur anfängst zu danken, wird er geheilt.» – «Du musst nur genug glauben, so wird er gesund.» Diese letzte Aussage war besonders verletzend. Ich empfand sie als Botschaft, dass wir selbst schuld seien, wenn mein Mann nicht geheilt würde.

Über Jahre versuchte ich, mehr zu glauben, intensiver zu beten, zu fasten und zu danken. Aber es änderte sich nichts, außer in mir. Vor lauter Hoffen und Wünschen, dass mein Mann geheilt werde, baute ich mir genaue Vorstellungen auf, wie Gott ihn heilen würde. Aber das Leben im Alltag blieb unverändert. Je mehr ich mir ausdachte, wie es wäre, wenn Gott eingreifen würde, desto weniger konnte ich das Leben annehmen, wie es war. Über Monate und Jahre wuchs die Spannung zwischen meinen Erwartungen an Gott und der Wirklichkeit, bis ich in eine Erschöpfungsdepression und tiefe Hoffnungslosigkeit fiel. Ich war enttäuscht, wütend und trotzig.

Erst jetzt verstehe ich, dass ich meine Neigung zum Schmollen, wenn ich jeweils von meinem leiblichen Vater nicht bekam, was ich wollte, genau an dieser Stelle auf Gott übertrug. Die Krise war so schlimm, dass ich mich fragte, ob es überhaupt einen Gott gibt. Zum Glück zeigte er mir immer wieder durch Kleinigkeiten im Alltag, dass er trotz allem und in allem da war. Er hat mich nie fallen lassen, auch wenn ich ihn häufig loslassen wollte.

In diesem Zustand zwischen Hoffnung und Verzweiflung reiste ich einmal allein in die Ferien. Der Pfarrer, der das Ferienheim leitete, war bekannt für seine Heilungs- und Befreiungsgebete. Dort erzählte ich ihm von meinem Mann und seiner Krankheit. Ich war sicher, dass er mir Mut machen und sagen würde: «Ihr Mann wird gesund.» Aber er sagte: «Ich glaube, Sie sollten die Krankheit Ihres Mannes annehmen und sich auf diese Situation einstellen.» Als ich das hörte, wusste ich innerlich, dass er Recht hatte. Trotzdem war ich so enttäuscht, dass ich stundenlang weinte.

Nachdem ich mich beruhigt hatte, sagte ich zu Gott: «Also, Herr, wenn das dein Wille ist, dann will ich es akzeptieren. Ich übergebe dir meine ganze Situation. Mach damit, was du willst. Ich traue dir zu, dass du es recht machst, weil du es gut meinst mit uns. Ich nehme die Situation an, wie es auch ausgeht. Aber ich schaffe es nicht allein. Ich brauche deine Hilfe.»

Damit bekräftigte ich die Bitte aus dem Vaterunser: «Dein Wille geschehe», ausgedrückt mit meinen eigenen Worten. Das war ein weiteres Schlüsselerlebnis in meinem Glaubensleben.

Wieder zu Hause angekommen, merkte ich, dass meine Einstellung sich verändert hatte. Nach zuvor langer Weigerung war ich bereit, in eine Gruppe für Angehörige von psychisch kranken Menschen zu gehen. Vorher war ich zu stolz und fand, dass ich keine «weltliche» Gruppe brauchte, weil ich ja Jesus hatte! Nun profitierte ich von dem ermutigenden Wissen der Leiterin, Frau Dr. Ursula Davatz. Sie leitete uns an, besser mit solchen Krankheitsschüben umgehen zu können.

Dies wirkt noch heute in meiner Familie nach. Auch in Beratungsgesprächen wende ich das Gelernte an. Damals entwickelte ich eine innere Stärke, die mir half, mich von meinem Mann nicht mehr unter Druck setzen zu lassen. Ich lernte, zu dem zu stehen, was ich für gut befand, und prüfte den Rat anderer sorgfältig. Für mich selber suchte ich Seelsorge und Psychotherapie und ging regelmäßiger allein in die Ferien, um mich zu erholen und Kraft zu schöpfen. Ich stand trotzdem weiterhin im Spannungsfeld zwischen der Hoffnung für meinem Mann und der Realität des Alltags.

Seither habe ich innerlich einen Weg zurückgelegt. Ich kann nun mit dem Thema Heilung besser umgehen. Jesus handelte immer aus der Beziehung zu seinem Vater heraus. Was sein Vater ihm sagte, das tat Jesus. Sogar als er in Gethsemane vor seinem Tod im Gebet rang, rief er: «Nicht mein Wille, sondern dein Wille geschehe» (Lukas 22,42). In Johannes 15,5 heißt es, dass wir Frucht tragen werden, wenn wir in Jesus bleiben und er in uns bleibt. Nicht umgekehrt.

Lobpreis und Gebet gehören zu unserem Glaubensleben. Aber wenn ich mit Gebet, Fasten oder Danken bewirken wollte, dass Gott *die* Frucht schenken würde, die *ich* wünschte, wäre das Manipulation. Gott lässt sich nicht manipulieren, weder durch sein Wort noch durch irgendetwas anderes, was wir leisten wollen. Er ist souverän, handelt nach seinem Willen und immer aus Liebe zu uns.

Ich glaube, dass das Geheimnis darin liegt, dass wir möglichst nahe am Vaterherz Gottes bleiben, durch die Beziehung zu Jesus und im Umgang mit seinem Wort. Je näher wir in der Beziehung zu ihm stehen, desto besser hören wir, was er tun will. Daraus erkennen wir, wofür wir beten sollen.

Das heißt für mich: Ich darf als Gottes Kind jederzeit zu meinem Vater kommen und ihn um alles bitten, was mich bewegt, auch wenn es um Kleinigkeiten geht. Dabei kann ich darauf vertrauen, dass er mein Gebet so beantworten wird, wie er es für das Beste hält. Es geht darum, dass ich ihm die Freiheit gebe zu handeln. Das *Wie* ist dann seine Sache. Schließlich liebt er uns unendlich viel mehr, als irgendein Mensch das könnte. Er hat den besseren Überblick über unser Leben als wir. Manchmal hat er Lösungen bereit, die uns selbst niemals in den Sinn gekommen wären.

11
Von einem geliebten Menschen Abschied nehmen

Ein Briefwechsel[19]

Lieber Freund,

unsere Wege haben sich nach vielen Jahren wieder gekreuzt. In der gemeinsamen Jugendzeit hatten wir ja eine ähnliche äußere und innere Entwicklung erlebt. Nun verbindet uns noch zusätzlich ein gemeinsames Schicksal.

Als wir miteinander an Gertruds Grab standen, spürte ich die alte Verbundenheit wieder stark. Das hängt wohl auch damit zusammen, dass der Abschied von meiner Frau noch nicht weit zurückliegt und ich deshalb nachempfinden kann, was in dir vorgeht.

Nun hast du mir einen sehr offenen Brief geschrieben. Er hat mir gezeigt, dass wir sozusagen im selben Boot sitzen. Du schreibst: «Obwohl seit dem Tod Gertruds erst wenige Wochen vergangen sind, könnte ich mit meinen Gedanken und Empfindungen ein ganzes Tagebuch füllen.»

Tue es doch. Es wird dir auf dem nächsten Wegstück deines Lebens eine Hilfe sein. Ich habe am Tag nach Heidis Bestattung aufzuschreiben begonnen, was mich bewegte. Als dein Brief ankam, war ich eben daran, meine Einträge der vergangenen sechs Monate zum ersten Mal im Zusammenhang durchzulesen. Dabei kam nochmals viel Traurigkeit in mir hoch. Gleichzeitig erfüllte mich Dankbarkeit. Von Anfang an stand ich unter dem Eindruck dieser gegensätzlichen Gefühle.

Unterdessen habe ich einen Weg zurückgelegt. Die Dankbarkeit für den gemeinsamen Lebensabschnitt hat zugenommen, und die

Traurigkeit, die noch täglich an mich herankommt, vermag mich nicht mehr so stark in die Tiefe zu ziehen. Ein Psalmwort, das ich in den letzten Tagen las, hat mich gestärkt: «[Der Herr] ist mein Fels und meine Hilfe, meine Burg: Ich werde nicht allzu sehr wanken» (Psalm 62,3).

Mein Lieber

«Ich werde nicht allzu sehr wanken.» Du meinst also auch, dass wir noch wanken dürfen? Ich habe mich in meinem Leben daran gewöhnt, stark zu sein und in jeder Lage aufrecht zu bleiben. Nun merke ich, dass ich zu meiner Traurigkeit stehen darf. Ich bin allerdings erst am Anfang des Weges, den du beschreibst. Bei mir hat nach der schwierigen Zeit des Abschieds von Gertrud und nach der Erledigung aller Pflichten der Alltag wieder Einzug gehalten. Es wird mir bewusst, dass die tiefe Wunde in mir wie unter der Wirkung einer starken Narkose stand. Nun spüre ich sie wie einen stechenden körperlichen Schmerz. Gleichzeitig verfolgt mich der immer wiederkehrende Gedanke: «Ich kann ohne Gertrud nicht leben!»

Es ist mir bewusst geworden, dass es sich dabei nicht bloß um einen Ausdruck der Verzweiflung handelt. Dahinter steckt so etwas wie ein unausgesprochener Vorwurf Gott gegenüber. Ich kann den Weg, den er mir zumutet, nicht annehmen oder zumindest nicht begreifen. Bei aller Dankbarkeit im Rückblick auf unsere Ehe will dieser Vorwurf immer wieder zum Vorschein kommen.

Lieber Freund,

ich fasse es auch noch nicht recht, dass nun eine erfüllende und frohmachende Partnerschaft endgültig abgebrochen sein soll. Gott hat es zugelassen, dass unser liebster Mensch von uns genommen wurde. Wir sind beide gewissermaßen invalid geworden. Von nun an verläuft unser Leben grundlegend anders. Deine Aussage: «Ich kann ohne Gertrud nicht leben!», ist doch im Tiefsten ein bitteres Eingeständnis: «Ich muss in Zukunft ohne sie auskommen.» Uns beide bewegt momentan die Frage, ob wir dies schaffen werden. Du schreibst, dass bei dir ein versteckter Vorwurf Gott gegenüber immer wieder zum Vorschein kommen wolle. Lass ihn doch zum Vorschein kommen. Sage Gott, dass du das Geschehene nicht verstehst, dass du verletzt bist und dich fragst, ob er es überhaupt gut mit dir meint. Er kann dies ertragen – und liebt dich deswegen nicht weniger.

Wir beide bringen zurzeit unsere Vorstellungen von Gottes Güte und unser persönliches Erleben nicht unter einen Hut. Als ich in der Weihnachtszeit nach Heidis Tod den Psalmvers «Der Herr ist gerecht und barmherzig» meditierte, kam mir ein Erlebnis in den Sinn, das ich oft auf Flughäfen südamerikanischer Städte gemacht hatte. Vor den Zollschaltern bildeten sich jeweils unterschiedlich lange Menschenkolonnen hinter drei Tafeln mit folgender Beschriftung:

Links: Einheimische
Mitte: Touristen
Rechts: Diplomaten

Den Einheimischen stand eine gründliche Kontrolle bevor. Für Touristen verlief die Abfertigung wohlwollender und speditiver. Und Diplomaten stellten sich schon gar nicht an. Sie konnten ohne Kontrolle passieren.

Diese Beobachtung wurde mir zum Gleichnis. Ich merkte, dass ich tief in mir den Wunsch hege, von Gott so etwas wie einen Diplomatenpass zu bekommen. Damit könnte ich dem Gedränge entgehen, das die Engpässe des Lebens verursachen.

Aber Gott ist gerecht und barmherzig. Gerecht, weil er uns nicht einfach am Leiden vorbeiführt, selbst wenn wir unser Vertrauen auf ihn setzen. Wir haben oft ein ähnliches Schicksal zu ertragen wie Menschen, die nicht nach ihm fragen. Aber worin besteht dann seine Barmherzigkeit? Auf diese Frage gaben mir kürzlich zwei Bibeltexte eine Antwort. Gott sagt zu Mose: «Der Herr, dein Gott … hat dein Wandern durch diese große Wüste auf sein Herz genommen» (5. Mose 2,7). Das heißt doch, dass unser Geschick, das ja auch so etwas wie eine Wüstenwanderung ist, ihm zu Herzen geht. Jesaja sagt es noch deutlicher. Auch er spricht von der Wüstenwan-

derung des Volkes Israel: «In allen ihren Bedrängnissen fühlte (auch) er [Gott] sich bedrängt» (Jesaja 63,9). Gott leidet mit uns!

Mein Lieber,

ich habe heute bei C.S. Lewis einen Begriff gefunden, der eine ähnliche Spannung ausdrückt. Er schreibt kurz nach dem Tod seiner Frau einem jungen Freund, der eben erst von seiner Lebensgefährtin Abschied nehmen musste: «Du hast eine harte Gnade erfahren.»[20] *Etwa so empfinde ich meine Situation. Manchmal lässt die Spannung etwas nach. Das hängt einerseits damit zusammen, dass ich viele Angehörige und Freunde um mich weiß, die mir durch Zeichen der Verbundenheit, aber auch einfach durch ihr bloßes Da-Sein zutiefst wohltun. Andere stehen mir hilflos gegenüber. Sie wissen kaum, wie sie mit mir umgehen sollen. Einige versuchen, eine Begegnung mit mir zu vermeiden. Ich kann es ihnen nicht übel nehmen, weiß ich doch nur zu gut, wie ratlos ich früher in ähnlichen Situationen auch war.*

Die harte Wirklichkeit, ohne Gertrud leben zu müssen, wird mir zunehmend zur Herausforderung, der ich mich stellen möchte. Werde ich bestehen können? Eines ist sicher: Ich werde nie mehr so glücklich sein wie vorher.

Lieber Freund,

es scheint, dass wir uns beide momentan wie Vögel vorkommen, denen die Flügel radikal gestutzt worden sind. (Radix heißt Wurzel. Es geht uns nun wirklich an die Wurzeln!) Sie können zwar noch flattern, aber es gelingt ihnen nicht mehr, sich in die Lüfte zu schwingen. So gesehen ist, wie du schreibst, nichts mehr wie vorher. Ob aber das Glücklichsein in Zukunft deswegen nicht mehr möglich ist? Sagt nicht Jesaja: «Die auf den Herrn harren, gewinnen neue Kraft, dass ihnen neue [Schwungfedern] wachsen wie den Adlern» (Jesaja 40,31)? Gott kann uns auf eine neue Art Zufriedenheit, Zuversicht und eine große Willigkeit dem Leben gegenüber geben. Ich erbitte und erwarte von

Gott, dass er mir wieder Freude in der Bewältigung der täglichen Aufgaben schenkt, auch wenn ich – um im Bild zu bleiben – vielleicht nie mehr in der Lage sein werde, mich so hoch hinauf zu schwingen wie einst. Die Flügel werden kaum völlig nachwachsen. Aber es geht ja wohl künftig nicht in erster Linie darum, bestimmte Höhen zu erreichen, sondern mehr Tiefe zu gewinnen.

Unsere «Wüstenwanderung, die Gott auf sein Herz genommen hat», könnte uns dazu verhelfen, das Geschick anderer Menschen auf eine neue, besondere Weise auf unser Herz zu nehmen. Ob das nicht auch neue Schwungfedern sind?

Mein Lieber,

es gibt tatsächlich Momente, in denen auch ich meine neuen Schwungfedern ein wenig spüre. Manchmal komme ich mir sogar wie ein Adler vor, der in absehbarer Zeit wieder in der Lage sein könnte, sich vom Boden zu erheben. Aber oft bin ich schon am nächsten Tag wieder tief niedergeschlagen und fühle mich kraftlos. Dieses zwiespältige Empfinden kam letzthin in zwei Träumen zum Ausdruck:

Ich bin mit Gertrud auf einer unserer bevorzugten Wanderungen unterwegs. Wir schreiten Hand in Hand. Ich fühle mich sehr verbunden mit ihr, und ein Gefühl der Freude und Zufriedenheit erfüllt mich. Ich bin glücklich. Da erschrecke ich zutiefst. Das ist ja alles vorbei! Weinend erwache ich.

Wir sitzen im Wohnzimmer unseres Hauses beisammen. Mitten im vertrauten Gespräch wird Gertrud von Schmerzen überwältigt und muss sich hinlegen. Eine ungeheure Angst packt mich. Ich erwache – und bin erleichtert. Die Zeit der Ängste und Schmerzen ist für Gertrud vorüber. Ich spüre, wie Dankbarkeit die aufkommende Wehmut einhüllt, und schon bin ich wieder eingeschlafen.

Lieber Freund,

ich kenne den Adler auch, der es schafft, sich vom Boden zu erheben und dann tatsächlich eine Weile in der Luft zu schweben. Allerdings ist er dann bald wieder flügellahm. Dann frage ich mich jeweils: Sind Spannkraft und Zerbruch unvereinbare Gegensätze? Oder gehören sie in unserem Leben irgendwie zusammen? Als ich kürzlich darüber nachdachte, kam mir eine Erinnerung an ein Ferienerlebnis in den Sinn:

Wir hatten am Meer Muscheln gesammelt und miteinander phantasiert: «Wenn wir doch eines Tages eine Muschel finden würden, die eine echte Perle enthielte», meinte Heidi. Dieser Hinweis, über den wir damals lachen konnten, wird mir zum Gleichnis. Es ist nicht möglich, sich die Perle anzueignen, ohne dass die Muschel zerbrochen wird.

So ergeht es mir zurzeit. Ich stehe in einem gewissen Zerbruch und spüre gleichzeitig, dass ich Spannkraft gewinne. Die Perle kommt allmählich zum Vorschein. Oft merke ich selbst wenig davon, aber Menschen in meiner Umgebung sagen dies. Es gibt allerdings auch Momente, in denen ich mich frage: «Was bringt mir denn der Zerbruch? Ist der Preis für die Perle nicht zu hoch?» Dann stehe ich in der Gefahr, Gott mit Fragen zu bestürmen oder ihm zu sagen, wie er meine Lage hätte verhindern können. In solchen Augenblicken kommt mir der Ausspruch Zinzendorfs in den Sinn: «Ich bin Gottes Kind, nicht sein Ratgeber.»

Mein Lieber,

auch ich beginne die Perle in meiner zerbrochenen Muschel zu entdecken. Dein Muschelgleichnis hat mir zwar anfänglich Mühe bereitet. Es kam bei mir der Verdacht auf, du wolltest mir mit dem Hinweis auf eine imaginäre Perle meinen Zerbruch etwas erträglicher machen. Gewissermaßen ein Rezept zur Überwindung einer «seelischen Tiefdruckrinne». Nun aber erfahre ich zusehends selbst, dass Zerbruch und Spannkraft in einem innerem Zusammenhang stehen.

Vielleicht kann ich dir meinen gegenwärtigen Zustand mit einer Zwischenbilanz deutlich machen: Ich bin nun allein unterwegs. Ein wesentlicher Teil meiner Lebensaufgabe ist durch den Weggang meiner Kinder und den Tod Gertruds zum Abschluss gekommen. Im

Verlauf der letzten Monate habe ich an Kraft gewonnen und kann den Herausforderungen des Alltags mit mehr Gelassenheit begegnen. Eine erste Etappe meiner «Wüstenwanderung» liegt hinter mir. Aber wenn ich an meine Zukunft denke, bleiben viele Fragen offen. Ich bin gespannt, wie Gott mich weiter führen wird.

Lieber Freund,

Deine Zwischenbilanz trifft in gewissem Sinn auch auf mich zu. Nun sitzen wir beide nicht mehr einfach im Boot und halten nach über Bord gefallenen Rudern Ausschau. Wir sind aus eigener Kraft unterwegs. Das nächste Wegstück liegt vor uns. Es ist mir, als höre ich die Stimme meiner Großmutter. Sie sagte uns jeweils beim Abschied: «So geht in Gottes Namen.» Was dieser Ausspruch jetzt für uns heißen könnte, deutet ein Psalmwort an, das ich gestern las: «Denn du bist mein Helfer, und unter dem Schatten deiner Flügel frohlocke ich» (Psalm 63,8). In Gottes Namen unterwegs sein bedeutet vielleicht, mit unseren gestutzten Federn unter Gottes umfassenden Fittichen weiterzugehen. Ob wir so nicht auf dem besten Weg sind, das Frohlocken wieder neu zu lernen?

Mein Lieber,

ob es zum Frohlocken reichen wird? Das kann ich mir heute noch nicht so recht vorstellen. Ein Traum, den ich letzte Nacht hatte, stimmt mich aber zuversichtlich. Er zeigte mir auch, dass ich tatsächlich einen großen Schritt vorwärts gemacht habe:

Gertrud und ich stehen schweigend Hand in Hand am Strand und blicken auf die unendliche Weite des Wassers. Zu unserer Rechten führt ein schmaler Steg auf Pfählen ins Meer hinaus. Er endet bei einer Insel, die in der Ferne noch schwach zu sehen ist. In die Stille hinein sagt Gertrud ruhig, aber bestimmt: «Ich gehe jetzt.» Sie lässt meine Hand los. Ich sehe, wie sie auf den Steg tritt und auf die ferne Insel zuschreitet. Dann entschwindet sie meinem Blick. Ich bleibe allein zurück. Ein tiefer Friede erfüllt mich.

Trauer - ein langer Weg

Eigentlich hatte ich es seit Jahren befürchtet, ja fast erwartet. Aber als der Anruf kam, dass mein Mann gestorben sei, traf es mich trotzdem hart. Unter Schock stehend, musste ich dies zuerst meinen Töchtern und anschließend meiner Schwiegermutter mitteilen. Erst als sie in Tränen ausbrachen, fing ich an zu weinen.

So begann eine der schwersten Zeiten meines Lebens. Heute weiß ich, dass Menschen verschieden trauern, ob sie nun einen Angehörigen durch den Tod, durch eine Scheidung oder eine Trennung verloren haben. Damals wusste ich nichts davon, vermutlich weil ich mich daran gewöhnt hatte, meine Gefühle zurückzuhalten. Die Prägung meiner Kindheit – «man zeigt keine Gefühle nach außen» – wurde mir zum Verhängnis. Es fiel mir schwer, meiner Trauer auf irgendeine Art Ausdruck zu verleihen. Ich war gefühllos, wie abgestorben, und ich konnte weder Freude noch Trauer spüren.

Leider kämpfte ich dermaßen um mein eigenes Überleben, dass ich meinen Töchtern in ihrer Trauer zu wenig helfen konnte. Gleichzeitig war ich wütend auf Gott und hätte am liebsten die Bibel an die Wand geschmissen. Aus innerem Respekt tat ich es nicht. Ich ging in die Seelsorge, konnte aber kein Wort über das reden, was in mir vorging.

Fragen um Fragen kamen in mir hoch. Sie beschäftigten mich Tag und Nacht. «Wo war Gott? Warum hatte er diesen Tod nicht verhindert? Weshalb hat er meinen Mann nicht geheilt? Ich hatte doch so versucht, mich an seine Verheißungen zu halten. Kann man seinem Wort überhaupt Glauben schenken?» Allerdings wusste ich: «Wenn ich Gott loslasse, verliere ich den Einzigen, der in mich hineinsieht und mich im Tiefsten versteht.» Ich kam mir vor wie ein Dampfkochtopf auf der höchsten Stufe.

Gleichzeitig fragte ich mich, wozu ich noch auf dieser Welt war. Meine Zeit als Ehefrau war abgelaufen. Meine Kinder waren daran, sich abzulösen. «Wer bin ich denn ohne Auftrag als Ehefrau und Mutter? Wozu hat Gott mich überhaupt geschaffen? Was hat mein schwieriges Leben noch für einen Sinn?»

In diesem Zustand lebte und arbeitete ich, bis es nicht mehr ging. Ich suchte eine Psychotherapeutin auf, die mir riet, einen sechswöchigen Aufenthalt in einer «Klinik für Menschen in einer Krise» zu machen. Ich wählte bewusst eine nichtchristliche Klinik, weil ich Angst hatte, mit «frommen Sprüchen» überhäuft zu werden. So drückte sich mein Trotz und meine Wut auf Gott aus. Aber Gott ging mir nach und begegnete mir dort.

Es war ein schwieriger Weg, weil ich lernen musste, über meine Gefühle zu reden. Da kam ich manchmal dermaßen an meine Grenzen, dass es mir buchstäblich übel wurde. Die Spannung zwischen Gott suchen und ihn loslassen verstärkte sich durch die Therapie. Auf meinen Spaziergängen kam ich oft an einer kleinen Kapelle vorbei. Manchmal trat ich ein und versuchte, mit Gott wieder in Verbindung zu kommen. Aber er blieb einfach stumm, bis ich eines Tages gegen Ende meines Aufenthaltes auf einen Bibelvers stieß. Ich weiß nicht einmal mehr, weshalb ich Hesekiel 11,19 und 20 las. Aber das Wort schlug ein. «Ich werde ihnen ein neues Herz und einen neuen Geist geben. Ich nehme das versteinerte Herz aus ihrer Brust und schenke ihnen ein Herz, das lebt. Dann werden sie nach meinen Weisungen leben, auf meine Gebote achten und sie befolgen. Sie werden mein Volk sein, und ich werde ihr Gott sein.»

Dort bat ich Gott, er möge mein versteinertes Herz mit einem lebendigen Herzen auswechseln. Erst mal geschah nichts. Zwei Wochen später – an meinem Geburtstag – ging ich in den Gottesdienst. Ich wurde von der Predigt so stark angesprochen, dass ich meine riesige Wut und meinen Kampf gegen Gott in einem stillen Gebet aufgab.

Als ich nach Hause kam, waren alle meine Freundinnen in der Stube versammelt. Meine Töchter hatten eine Überraschungsparty organisiert. Ich trat ein und empfand zum ersten Mal nach anderthalb Jahren ein bisschen Freude. Das fiel mir auf, weil ich so lange nichts Derartiges mehr gespürt hatte. Von diesem Moment an kehrten meine Gefühle langsam wieder zurück.

Obwohl es lange dauerte, um mich zu erholen, erfüllte mich eine neue Freude am Leben. Diese drückte ich in einem Dankesfest aus. Zwei Jahre nach dem Tod meines Mannes lud ich meine Freunde in die Kirche ein, wo ich meine Taufe bestätigte. Nachher aßen wir zusammen, und ich dankte jeder Person persönlich für die Unterstützung während meiner Leidenszeit. Es war eindrücklich für mich zu erleben, wie treu meine Freunde zu mir gestanden hatten. Leider konnte ich es erst im Nachhinein schätzen. Eine Freundin hatte mich jede Woche besucht, eine andere mich regelmäßig angerufen. Von einer dritten waren immer wieder originelle Postkarten gekommen. Alle hatten es ausgehalten, dass ich so unzugänglich gewesen war.

Wenn ein Ehepaar vor dem Tod eines Partners alles besprechen und bereinigen kann, erleichtert dies den Trauerprozess. Aber ich hatte von meinem Mann nicht einmal Abschied nehmen können. Schon vorher war es ihm nicht möglich gewesen, über Konflikte zu reden. So konnten wir sie auch nicht lösen. Deshalb plagten mich Schuldgefühle aller Art. Der Gedanke, dass ich nie wieder etwas mit ihm in Ordnung bringen konnte, quälte mich.

Diese Erkenntnis wurde für mich so wichtig, dass das Thema «Versöhnung» zu einem Lebensthema geworden ist. Ich versuche nun, soweit es möglich ist, meine Konflikte mit Gott und Menschen anzugehen, darüber zu reden und sie in Ordnung zu bringen.

12
Nochmals heiraten – was soll das?

«Nein, nein, nein!», rief ich entsetzt. Eben hatte mich meine Nachbarin gefragt, ob ich im Sinn hätte, nochmals zu heiraten. Für mich stand fest: Ich werde nie mehr das Wagnis einer Ehe eingehen! Meine Partnerschaft mit meinem kranken Mann war zu schwer, zu verletzend gewesen. In der mühsamen Zeit der Trauer hatte ich lange unter dem Druck bedrängender Fragen über unsere Ehe gelitten: «Weshalb ist es dermaßen schiefgelaufen? Wie groß war mein Anteil an der notvollen Entwicklung? Inwiefern stand seine Krankheit im Wege? Was hätten wir anders machen können, um einen Weg der Kommunikation zu finden? Wo passten wir zusammen, wo nicht?»

Trotz meiner Ablehnung des Gedankens an eine neue Ehe ging mir manchmal doch die Frage durch den Kopf, was für ein Typ Mann besser zu mir gepasst hätte. Mein Fazit war: Jemand, der seinen Glauben an Jesus Christus im Alltag lebt, mit dem ich über Glaubensfragen reden könnte (eine Person wie ein Pfarrer, aber auf keinen Fall ein Pfarrer, weil ich mich nicht als Pfarrfrau sehen konnte). Ein Mann, der meine Stärke nicht als Bedrohung empfinden würde und Humor hätte. Und weil ich schon früh graue Haare hatte, würde einer mit silbrigem Haar gut zu mir passen!

Mit der Zeit traten diese Gedanken in den Hintergrund. Gleichzeitig öffneten sich neue Türen. Gott erfüllte mir einen geheimen Wunsch. Schon lange hatte ich mich danach gesehnt, noch eine weitere berufliche Ausbildung zu machen. «Es kann nicht sein», sagte ich zum Pfarrer unserer

Gemeinde, «dass ich umsonst diesen außergewöhnlichen Weg in meinem Leben gehen musste. Irgendwie sollte der vergangene Lebensabschnitt für meine Zukunft einen Sinn machen. Ich sehe mich nicht bis zur Pensionierung als Englischlehrerin.»

«Ja», erwiderte er, «was immer du in Zukunft machen wirst, es wäre gut, zuerst ein theologisches Fundament zu haben.»

Das war ein Schuss ins Schwarze! Im selben Jahr fing ich die Ausbildung zur Katechetin am Theologisch-Diakonischen Seminar Aarau an. War das schön, so viele verschiedene Fächer zu belegen und in einer Klasse mit lebendigen jungen Menschen zu sein!

Wenige Monate nach dem Tod meiner ersten Frau überraschte mich einer meiner Söhne mit der Frage: «Papa, hast du die Absicht, nochmals zu heiraten?» Ich meinte, nicht recht gehört zu haben. Schon nur die Vorstellung, eine zweite Ehe einzugehen, empfand ich in dieser Phase der Trauer fast wie einen Ehebruch. Ich hatte kurz zuvor ein Buch von C.S. Lewis gelesen. Er schrieb an einen jungen Freund, der ebenfalls um seine Frau trauerte: «Es geht mir wie dir. Auch ich kann mir nicht vorstellen, dass wir wirkliche Liebe zweimal erleben.» Damit sprach er mir aus dem Herzen. Das Kapitel «Ehe» schien für mein künftiges Leben abgeschlossen zu sein.

Zwei Jahre später verließ ich das Haus, in dem ich mit meiner Familie lange gelebt hatte, und bezog eine kleine Ruhestandswohnung auf dem Areal der «Stiftung Gott hilft». Mit viel Sorgfalt richtete ich mein neues Zuhause gemütlich ein. Ich wollte mir nach den bewegten und schwierigen Jahren etwas Gutes tun, denn ich stellte mir vor, künftig allein zu leben. Es sollte anders kommen!

Während der ersten Studienwoche am Theologisch-Diakonischen Seminar lernte ich meine Kolleginnen und Kollegen kennen. Unter ihnen war auch unser Studentenpräsident. Zu meiner Überraschung brachte er mir eines Tages einen Gruß von seinem verwitweten Vater, den ich einige Jahre zuvor bei einem Kurs kennen gelernt hatte.

«Was soll das?», fragte eine Stimme tief in mir. «Will mich etwas von meiner Ausbildung ablenken?» Aber vor lauter neuen Eindrücken vergaß ich diese Begebenheit bald.

Zwei Monate später feierte unsere Schule ein großes Fest. Das neue Seminargebäude wurde eingeweiht und unsere Klasse willkommen geheißen. Die Festansprache hielt ausgerechnet der Vater unseres Studentenpräsidenten. Ich saß mit meinen zwei Töchtern bereits in der Kirche, als der Referent eintrat und uns spontan begrüßte. Das erstaunte mich, waren wir uns doch vor Jahren nur ein einziges Mal begegnet. Nach einem kurzen Gespräch mit ihm im Anschluss an die Feier kam die Frage wieder hoch: «Was soll das?»

Es gelang mir dann, meine Gedanken wieder auf die Ausbildung zu lenken. Wenn nur sein Sohn nicht gewesen wäre! Ich wurde aufs Neue verunsichert, als er mir weitere Grüße von seinem Vater überbrachte. Eigenartigerweise kam es mir nicht in den Sinn, Gott zu fragen, was er dazu meinte. Meine Überzeugung, ein Opfer von Stör-Manövern in meiner Ausbildung zu sein, war stärker. Als ich nach einigen Monaten wieder einen Gruß bekam, blitzte die Frage durch meinen Kopf: «Was soll das? Könnte es doch ein Hinweis von Gott sein?» Damit hatte ich überhaupt nicht gerechnet!

Nun gerieten die Stimmen in meinem Innern miteinander in Streit.

«Ich will nicht mehr heiraten!»

«Und wenn es Gottes Wille wäre?»

«Jetzt habe ich doch erst meine Ausbildung begonnen. Was soll daraus werden?»

«Schau ihn doch an. Er lebt, was er glaubt. Er ist so etwas wie ein Pfarrer und doch keiner. Er hat Humor – und schönes silbriges Haar noch dazu!»

«Ich habe Angst davor.»

«Wenn du es nie wagst, wirst du nie etwas anderes erfahren.»

«Okay», gab ich nach. «Wenn das dein Wille ist, mache ich mit. Unter einer Bedingung: Er muss auf mich zukommen. Ich renne keinem Mann hinterher.»

Das war an einem Montag. Am folgenden Sonntag war «dieser Mann» zufällig bei Freunden und besuchte den Gottesdienst in unserer Gemeinde. Nach dem Gottesdienst kam er auf mich zu und fragte mich, ob wir uns treffen könnten. Wir hätten doch viel Ähnliches erlebt und könnten darüber austauschen.

«Nein, das möchte ich nicht», gab ich erschrocken zurück. Plötzlich kam mir meine Abmachung mit Gott in den Sinn. So sagte ich trotz des inneren Widerstands zu. Als ich zu Hause über diese Begegnung nachdachte, musste ich lachen, weil ich merkte: «Heute ist ja der 14. Februar – Valentinstag!» Gottes Humor setzte das Tüpfelchen auf das i!

Nach diesem ersten Gespräch entwickelte sich sehr bald eine ernsthafte Beziehung zwischen uns. Nach kurzer Zeit fassten wir den Entschluss zu heiraten.

Wenn wir heute miteinander auf diese Ereignisse zurückschauen, meint Ann jeweils mit schelmischem Lächeln: «Gott hat es mir befohlen, dich zu heiraten.» Meine Antwort: «Mir musste er es nicht befehlen. Es schien mir, als hätte er mich mit einem Augenzwinkern ermuntert, auf dich zuzugehen.» Denn nach dem Abklingen der Trauer um meine erste Frau war in mir der Eindruck entstanden, dass eine zweite Liebe nicht unmöglich wäre.

Vielleicht fragen Sie jetzt: «Kann man denn eine tiefe Liebe endgültig abschließen und sich einer neuen zuwenden?» Am Anfang unserer zweiten Ehe erkannten wir, dass die Erinnerung an die erste Partnerschaft nicht einfach aus dem Alltag verabschiedet werden kann. Wir wollten das auch nicht. Die Erlebnisse aus dieser Zeit sind in uns erhalten geblieben. Nun haben wir den vergangenen Lebensabschnitt in Gottes Hände zurückgelegt und sind frei für eine neue Beziehung geworden.

Dankbarkeit und Wehmut werden uns weiter begleiten. Aber die damit verbundenen Gefühle stehen nicht trennend oder störend zwischen uns. Gott hat in unserem Leben ein neues Kapitel aufgeschlagen.

In diese Entscheidung hatte ich auch meine sechs Kinder einbezogen. Ihre Zustimmung war unterschiedlich, freudig bis verhalten. Dass mein Entschluss auch für sie eine große Umstellung bedeutete, wurde mir durch die Reaktion meiner Tochter bewusst, die als mein jüngstes Kind damals vor ihrer eigenen Hochzeit stand: «Ich freue mich für dich, Papa. Aber ich spüre auch, dass ich nun, nachdem ich Mama verloren habe, auch noch dich ein gutes Stück weit hergeben muss.»

In einem unvergesslichen Gottesdienst feierten wir die Trauung mit unseren Familien und vielen Menschen, die sich freuten. Ein Sohn meines Mannes traute uns. Für uns ein großes Erlebnis, für ihn eine erstaunliche Leistung. Dass der Studentenpräsident unser Trauzeuge war, verstand sich von selbst! Dies war der Einstieg in eine «Patchwork-Familie».

Nun begann in unserem Leben eine Neuorientierung. Heinz und ich staunten, wie ähnlich wir denken, so als wenn wir auf unsere gemeinsame Partnerschaft vorbereitet worden wären. Trotzdem war es eine Herausforderung. Jeder von uns hatte in der ersten Ehe gewisse Muster aufgebaut. Waren wir bereit, uns auf Neues einzulassen? Durch unsere Kinder war ja der erste Partner bzw. die erste Partnerin im Hintergrund immer irgendwie anwesend. Deshalb entschlossen wir uns ganz bewusst, nicht zu vergleichen. Für mich war es aber wichtig, offen mit Heinz und seiner Familie über ihre Mama und Großmama zu reden.

Wenn unsere Kinder uns besuchten, bedeutete dies nicht mehr ein «nach Hause kommen», wie sie es früher erlebt hatten. Eine neue Person wohnte nun da, die nicht Mutter, nicht Vater war. Daran mussten sich alle gewöhnen. Deshalb gaben wir uns gegenseitig auch die Freiheit, alleine mit einem oder mehreren unserer Kinder oder Enkel Zeit zu verbringen.

Am Anfang fragte ich mich: Wer bin ich für seine Kinder? Wer sind sie für mich? Ich wusste, dass ich ihre Mutter weder ersetzen wollte noch konnte. Ich bin anders.

Ich brauchte Zeit, um meinen Platz in der neuen Familie zu finden, und zwar als die Person, die ich bin. Ich versuche in Worte zu fassen, wie ich nun meine Rolle sehe: Ich spüre Liebe und (groß)mütterliche Gefühle für die Enkelkinder und die Kinder meines Mannes. Sie stehen mir näher und sind mir wichtiger als andere Menschen. Und doch ist es anders als mit den Kindern, die ich selber geboren und erzogen habe. Ich prägte ihr Leben, und sie prägten das meine. Ich kenne sie schon sehr lange.

Heinz und seine Familie sprechen – im übertragenen Sinne – eine andere Sprache. Sie haben eine andere Art von Humor, pflegen andere Bräuche und Traditionen. Sie kennen einander seit vielen Jahren. Nun galt es für mich, sozusagen ihre Kultur kennen zu lernen, Unbekanntes zu entdecken und dann bei ihnen den Platz für mich und meine Familie zu finden. Ein gutes Beispiel für diese Entwicklung ist das Weihnachtsfest:

Diese Zeit war für mich und meine Familie immer schwer gewesen, gedämpft durch die Depression meines ersten Mannes. Als ich nach der Heirat zur Familie meines Mannes stieß, hatte diese ihren neuen Stil für das traditionelle Familienfest an Weihnachten auch noch nicht gefunden. Zu sehr vermissten sie ihre Mutter und Großmutter, die jeweils das Fest gestaltet hatte. So entschieden wir uns, mit jeder Familie separat zu feiern. Es ist nicht ohne Weiteres möglich, aus zwei Familien eine neue, größere werden zu lassen. Solche Prozesse des Umgangs mit einem anderen Stil unter veränderten Bedingungen haben alle Alleinerziehenden und Patchwork-Familien durchzustehen. Für uns galt: Wir brauchten Zeit und Geduld, um uns gegenseitig zu orientieren und eine Lösung zu finden, die beiden Familien entsprach. Jetzt treffen sich alle ein Mal im Jahr zu einem großen Sommerfest.

Als Heinz und ich heirateten, waren alle unsere Söhne und Töchter schon erwachsen. Ich stelle mir vor, dass es in einer neuen Ehe mehr Zeit und Feingefühl braucht, wenn die Kinder kleiner sind und noch zu Hause wohnen. Es stellte sich allerdings bei uns sehr bald heraus, dass ein solches Gefühl nicht weniger nötig ist, wenn es um die Betreuung beziehungsweise das Hüten der Enkel geht.

Die erste Frau meines Mannes war mit Leib und Seele Großmama für ihre Enkel gewesen. Ich aber hatte eben erst die aktive Phase der Aufgabe als Mutter meiner Töchter hinter mir. Zudem war ich noch in einer Ausbildung, und die nächste als individualpsychologische Beraterin stand bevor. Die Phase des Großmutterseins war noch nicht dran.

Wie sollte ich mich an der Seite eines neuen Ehemannes verhalten, der aus den Familien seiner sechs Kinder so viele Enkelkinder hat? Eine komplexe Frage. Ich überlegte hin und her: Wenn ich für *eine* Familie hüte, muss ich das konsequenterweise für alle sechs tun. Verzichte ich auf die Kinderbetreuung, so sind sie vielleicht verletzt. Hätten wir überhaupt neben seiner Arbeit und meiner Ausbildung noch Zeit, unsere Beziehung aufzubauen?

Mit dem Kopf trafen wir eine Entscheidung: Heinz würde seine Enkelkinder hüten und ich meine, falls solche geboren würden. Gefühlsmäßig war dies allerdings kein einfacher Entschluss. Ich verstand den Wunsch dieser jungen Mütter, war ich doch einst selbst froh gewesen, wenn jemand meine Kinder hütete.

Ann und ich wurden, wie in jeder Ehe, mit unterschiedlichen Eigenschaften des Partners konfrontiert. Es wurde uns bewusst, dass uns Lernprozesse bevorstanden. Wir waren allerdings nicht so überrascht oder hilflos, wie es junge Ehepaare oft sind, denn im Laufe unserer ersten Partnerschaft hatten wir einiges gelernt und an Reife gewonnen.

Zwei Jahre nach unserer Hochzeit trat ich in den Ruhestand, während Ann weiter als Beraterin tätig war. Bald fragten wir uns, ob es allenfalls möglich wäre, da und dort gemeinsam eine Aufgabe anzupacken. Dass wir unseren Haushalt miteinander besorgten, war für uns selbstverständlich. Zwei Möglichkeiten boten sich an: Eheberatung und Leitung von Kursen. Nachdem wir die Anfrage für ein Seminar positiv beantwortet hatten, erlebten wir in der Vorbereitung unsere «Feuertaufe».

Wir hatten uns auf unserer Couch bequem gemacht, um über die provisorischen Notizen für das Kursprogramm auszutauschen. Die Papiere mit den Entwürfen unserer Vorstellungen lagen auf unseren Knien. Da fiel mir auf, dass Ann blass wurde und erschrocken auf meinen Schreibblock starrte. Ich hatte meine Gedanken sehr strukturiert dargestellt. Meine Notizen sahen aus wie die Liste, die Ann für ihren wöchentlichen Einkauf zusammenstellt. Sie schreibt den Einkaufszettel jeweils so, dass mit der Reihenfolge der Artikel gleichzeitig der Weg durch die Regale des Großverteilers vorgegeben ist.

Mit großen Augen las Ann meine Stichwörter, die ich entsprechend meinem Denksystem folgendermaßen gegliedert hatte: A – 1 – a, b – 2 – a, b, c / B – 1 – a, b usw. Dann warf ich einen Blick auf die Ergebnisse *ihrer* Vorbereitungen. Sie glichen der grafischen Darstellung eines Tsunamis – ein echtes Brainstorming!

«Du hast ja alles schon fertig vorbereitet. Was soll ich noch dazu sagen?», meinte Ann halb enttäuscht, halb aufgebracht. Es brauchte ein ausgiebiges Gespräch, bis uns gegenseitig klar war, dass wir dasselbe gewollt und gemacht hatten, aber entsprechend unserer Arbeitsweise völlig verschieden vorgegangen waren.

In der folgenden Zeit mussten wir lernen, mit der Tatsache umzugehen, dass wir beide sowohl eine chaotische als auch eine sehr strukturierte Seite haben. Leider nicht in den selben Bereichen des gemeinsamen Lebens. Das machte die Sache nicht einfacher, aber interessant. Auch die unterschiedliche

Art unserer Kommunikation war für uns eine Herausforderung. Dies zeigte sich in einer ganz alltäglichen Situation.

Wir waren gemeinsam, ohne miteinander zu reden, in der Küche beschäftigt. Eine Stille kann ja in einer Partnerschaft durchaus wohltuend sein. Für Ann schien sie diesmal etwas Bedrückendes an sich zu haben. «Bist du wütend?», fragte sie unvermutet.

«Keineswegs», gab ich zur Antwort. Nachdem ich meine Arbeit erledigt hatte, ging ich in mein Arbeitszimmer. Kaum hatte ich mich an meinen Schreibtisch gesetzt, wurde mir bewusst: Ich war tatsächlich verstimmt. So kehrte ich dann in die Küche zurück: «Du hast das richtig empfunden: Ich bin ärgerlich.»

Meine Gefühle hatten zwar nichts mit uns beiden zu tun. Deshalb gab es nichts zu bereinigen. Das eben Erlebte führte aber dazu, dass wir eine gemeinsame Strategie entwickelten. Man könnte es ein «Modell zur Verhinderung von Kommunikationsstörungen» nennen. Wir beschlossen, es künftig anzuwenden:

Wenn sich in unserem Alltag eine «unangenehme Stille» ausbreitet, stellen wir einander drei Fragen.

Die erste lautet: «Ist etwas?» (Das heißt: «Liegt etwas in der Luft?»)

Antwortet der Partner nach einer Zeit der Prüfung mit einem «Nein», so gehen wir zur Tagesordnung über. Bei einem «Ja» folgt die zweite Frage:

«Hat es mit mir zu tun?»

Ein «Nein» auf diese Frage kann zwar bedeuten, dass emotional durchaus etwas vorliegt, das in diesem Moment angesprochen werden könnte, aber nicht muss, weil es nicht uns beide betrifft.

Ein «Ja» dagegen führt zur dritten Frage: «Worum geht es?» Dann sind wir mitten im aktuellen Problem und können darüber reden.

Wenn ich heute zurückschaue, fällt mir auf, dass wir diese «Krücken» seit Jahren nicht mehr nötig haben. In unserer Zusammenarbeit und Kommunikation hat sich vieles verändert. Nun, nach 18-jähriger Ehe, haben wir es sogar gewagt, zusammen ein Buch zu schreiben. Ist das nun das Ergebnis einer intensiven Arbeit mit- und aneinander oder ein kleines Wunder? Wahrscheinlich beides. Eines steht fest: Die gemeinsame Lehrzeit ist noch nicht abgeschlossen.

13
«Altsein ist ein herrlich Ding! ...»

Als ich vor zwei Jahren an einem lauen Sommerabend mit meinem Bike unterwegs war, kam mir der Titel des Büchleins von Jörg Zink «Ich werde gerne alt»[21] in den Sinn. Während ich mit Lust in die Pedale trat und der untergehenden Sonne entgegenfuhr, spürte ich eine tiefe Zufriedenheit in mir: «Dies gilt auch für mich. Ich werde gerne alt.» Fast gleichzeitig stieg die Frage in mir hoch: «Hätte diese Aussage auch Gültigkeit, wenn du nun nicht mit dem Bike in den hellen Abend hineinfahren, sondern im Rollstuhl durch den Park unseres Alterszentrums geschoben würdest?»

Kaum hatte ich diese Frage zu Ende gedacht, lag ich mit zerschlagenem Gesicht, gebrochener Nase und stechenden Schmerzen im Rücken neben dem Feldweg. Ein entgegenkommender Radfahrer hatte die vor mir liegende Kurve geschnitten und war auf der falschen Seite frontal mit mir zusammengeprallt. Als meine Arme gefühllos zu werden begannen, ging es mir durch den Kopf: «Ist dies nun der Beginn eines Alters im Rollstuhl?»

Nach einem Klinikaufenthalt und längerer therapeutischer Behandlung erholte ich mich wieder vollständig. Im folgenden Frühjahr nahm ich meine Bikefahrten wieder auf. «Schwein gehabt», sagten Bekannte. «Gottes Bewahrung erlebt», fügte ich hinzu. Und im Stillen dachte ich: «Ich werde gerne alt.»

«Altsein ist ein herrlich Ding, wenn man nicht verlernt hat, was anfangen heißt», sagt Martin Buber.[22] Es ist mir, als möchte er uns zurufen: «Höre nie auf anzufangen!» Die Aussage spricht mich an. Ich habe den Eindruck, in meinem bisherigen Leben noch nie so viel gelernt zu haben wie in den Jahren meines Ruhestandes. Was ich im Laufe meiner Ausbildung und im Berufsleben lernte, war vorwiegend das Ergebnis sachlicher Notwendigkeiten. Jede Aufgabe erforderte entsprechende Vorbereitungen. Ich war permanent und oft unbewusst am Lernen.

Dann wurde ich pensioniert. Die weiteren Lernprozesse erfolgten nicht mehr automatisch. Ich musste sie selber anstoßen. Eine Herausforderung, die viele Betroffene dazu verleitet, ihr Leben im gleichen Stil wie bisher weiterzuführen. Für sie gilt eher: «Fange nie an aufzuhören!» Vielleicht scheuen sie die Entzugserscheinungen, mit denen sich Pensionierte auseinandersetzen müssen. Oder sie haben sich in ihrem Leben vorwiegend über ihre Arbeitsleistung definiert und kommen sich immer noch unentbehrlich vor. Die wenigsten unter ihnen sind sich bewusst, dass der Zeitpunkt kommen wird, in dem sie allenfalls nicht mehr selbst über das Aufhören entscheiden können.

Ich erinnere mich an einen meiner ehemaligen Mitarbeiter, den ich in seinem Altersheimzimmer besuchte. «Wie geht es dir?» – «Nicht gut.» Auf meine Frage nach dem Grund seines schlechten Befindens kam die Antwort: «Ich bin nichts mehr wert.» – «Nichts mehr wert?» – «Ja, ich kann nicht mehr arbeiten.»

«Höre nie auf anzufangen.» Ein erster Anfang liegt im Vorfeld des Älterwerdens. Auch das Aufhören muss gelernt und vorbereitet werden. Es geht sozusagen um den Anfang vor dem Anfang. Abt Bernhard von Clairvaux (um 1090–1153) schreibt in einem Brief an einen noch tätigen, aber älter werdenden Kollegen, den Vorsteher eines anderen Klosters:

«Gönne dich dir selbst. Ich sage nicht, tue das immer. Ich sage nicht, tue das oft. Aber ich sage: Tue es wieder einmal. Sei, wie für alle anderen Menschen, auch für dich selbst da. Oder allenfalls, sei es nach allen anderen.»

Sorgfältiger und taktvoller kann man einen so wichtigen Rat nicht formulieren. Wahrscheinlich hat der weise Abt gemerkt, dass sein Kollege in der Gefahr stand, mit Aufhören gar nie anzufangen. Er wäre in guter Gesellschaft. Da wirken die Worte von Jörg Zink ermutigend: «Ich bin im Ruhestand, wie man sagt ... Ich habe es schön wie der alte Ahorn, an dem ich kürzlich in den Bergen vorbeikam. Ich darf einfach da sein und leben ... Ich brauche nichts zu werden, nichts zu erreichen. Niemand braucht mich gut zu finden. Was ich tat, tun nun die Jungen. Sie machen fast alles anders. Gut. Ich habe seinerzeit auch fast alles anders gemacht als die Alten. Ich wünsche ihnen ein gesegnetes Tun und Gottes Beistand. Aber ich? Ich darf einfach ‹sein›. Ist das nichts? Ich gedenke es zu genießen, solange Gott mir seine Sonne scheinen lässt.»[23]

Diese neue Lebensetappe ist ja nicht einfach die «verdünnte» Form des bisherigen Arbeitsalltags. Sie führt in Neuland hinein, das es zu entdecken und zu gestalten gilt. Entzugserscheinungen werden zwar nicht ausbleiben. Es kann tatsächlich verunsichern, dass im Ruhestand die gewohnten Tagesstrukturen nicht mehr vorgegeben sind. Ein Terminkalender ohne Termine – zum Verrücktwerden! Nun aber bietet sich die Chance, neue Modelle zu entwerfen, den Tagesablauf neu zu strukturieren und dabei die eigene Kreativität zu fördern.

In meinem Ruhestand sind die ersten beiden Stunden des Tages für meine Frau und mich zum ausführlichen Ritual geworden, das an frühere Ferienzeiten erinnert. Das ausgiebige Frühstück kann ohne Zeitdruck durch ein ungeplantes Gespräch weit ausgedehnt werden. Ein Austausch über einen (Bibel-)Text und das gemeinsame Gebet für unsere große Familie in aller Welt beschließen den Tagesanfang.

Nun fehlen allerdings die drängenden Termine, die mich früher auf Trab hielten. Große ungeplante Zeiträume stehen im Tagesablauf zur Verfügung. Daran musste ich mich gewöhnen. Aber ich merkte: Die Chance des Ruhestandes zeigt sich daran, dass sich mir für die Gestaltung dieses Lebensabschnitts ein weites Feld öffnet.

Zwei Fragen wurden mir dabei wichtig: «Was möchte ich?» Und: «Was meint wohl Gott dazu?» Aus der Tiefe meines Herzens tauchten verborgene Wünsche auf. Ich entdeckte Begabungen, die schon lange in mir schlummerten, aber brach lagen. Ohne mein Dazutun wurde ich da und dort angefragt und mit Aufgaben konfrontiert. Ich sagte jeweils nicht spontan zu, lehnte sie aber auch nicht unbesehen ab, sondern prüfte, ob sie mit den Vorstellungen, die sich in meinem Innern schon seit längerer Zeit entwickelt hatten, übereinstimmten. Und von Gott erbat ich Einsicht und Klarheit. So lernte ich, in wohltuender Freiheit eine neue Herausforderung anzunehmen oder auf Anfragen eine Absage zu erteilen.

Mit dem letzten Schlusspfiff ist die Meisterschaft vorbei

Vor einiger Zeit las ich in einer Zeitschrift: «Großeltern sind Eltern, die eine zweite Chance bekommen haben.» Eine zweite Chance? Ich sehe Fußballfans vor mir, die nach dem Endspiel einer Meisterschaft heiße Diskussionen führen. Es geht dabei um die Frage, wie weit und wann ihre Mannschaft während der vergangenen Saison Chancen nicht ausgewertet habe und wer dafür die Verantwortung trage. Solche Diskussionen sind sinnlos. Die Chancen sind vorbei.

So geht es auch uns Großeltern. Der Schlusspfiff unserer «Meisterschaft» ist längst verklungen. Eine zweite Chance? Sollen wir tatsächlich nochmals erzieherisch tätig werden? Etwa um vieles von dem auszubügeln, was wir einst bei unseren Kindern versäumt haben? Ein unmögliches Unterfangen.

Unsere Kinder sind nicht mehr «unsere» Kinder, weil sie längst eigenständig geworden sind.

Wenn wir ehrlich auf unsere «erzieherische Meisterschaft» zurückschauen, werden wir feststellen, dass unsere Kinder ihren Weg nicht nur wegen unserer pädagogischen Bemühungen, sondern auch trotz unserer Grenzen, Mängel und erzieherischen Fehlleistungen gefunden haben. Das macht bescheiden und dankbar. Es kann aber sein, dass wir uns da und dort auf die Zunge beißen müssen, wenn wir in der Gefahr stehen, in den Familienalltag unserer jüngeren Generation hineinzureden.

Eine neunzigjährige, noch vitale und zupackende Großmutter sagte mir vor längerer Zeit: «Wenn ich schon täglich für meine Enkelkinder bete, habe ich doch auch das Recht, meine Meinung über ihre Erziehung einzubringen.» Ich empfahl ihr, das Erstere weiter zu pflegen und auf das Letztere womöglich zu verzichten.

Lange habe ich über die Aussage dieser Frau nachgedacht. Sie hat erkannt, dass wir als Großeltern nichts Besseres tun können, als unsere Kinder und Enkelkinder im Gebet zu begleiten. Aber sie hat wohl übersehen, dass viele Aufgaben, die wir in den vergangenen Jahrzehnten unseres Lebens anpackten, Mandate waren, die uns Gott erteilt hat. Mandate nennt man im Wirtschaftsleben Aufgaben, die jemandem für eine gewisse Zeit übertragen werden. Ist der Auftrag erfüllt, so wird diese Person wieder freigestellt. Nun kann sie sich neuen Herausforderungen widmen. Ein solches Mandat war die Aufgabe an unseren Kindern, die Elternschaft.

Ähnlich ergeht es uns mit unserem Beruf. Für mich hieß dieses Mandat Leiterschaft. Elternschaft und Leiterschaft sind nun abgeschlossen, auch wenn vieles noch nachwirken wird. Aber der Schlusspfiff ist verklungen, die Meisterschaft vorbei. Für engagierte Christen wartet jetzt unter anderem eine wichtige neue Herausforderung, der wir uns im Ruhestand intensiver widmen können als in früheren Jahren. Unser Gebet ist kein zeitlich begrenztes Mandat, sondern sozusagen ein Dauerauftrag. Wir erfüllen ihn nicht mehr an der Front, im Rampenlicht, sondern im Verborgenen, solange uns Gott die Kräfte schenkt. Und wir wissen: Das Gebet verändert die Umstände – und uns!

Einfach da sein

Es gibt für mich kaum etwas Schöneres, als die Entwicklung meiner Enkelkinder aus der wohltuenden Distanz eines Großvaters zu betrachten. Ich habe keine Verantwortung mehr zu tragen. Wenn sie mir als Kleinkinder ihre Arme entgegenstrecken, genieße ich ihre Zutraulichkeit. Im Schulalter spornt mich ihr Wissensdurst zu eigener Neugier an. Stecken sie in der Pubertät, so muss ich ihnen ihre Zurückhaltung nicht verübeln. Ich bin aber beglückt, wenn sich mit zunehmender Adoleszenz wieder lebhafte Gespräche mit ihnen ergeben. Vielleicht sucht eines einmal meinen Rat. Eine Sternstunde!

Bald aber gilt es, wie früher mit den eigenen Kindern, ganz loszulassen, aus der Ferne verbunden zu bleiben und sie mit meinem Gebet zu begleiten. Damit wende ich eine Grundregel früherer Tage auf die nächste Generation an: Rede mehr mit Gott über deine Kinder als mit deinen Kindern über Gott.

Vielleicht fragen Sie jetzt: «Können wir denn im Blick auf unsere Kinder und Enkel gar nichts mehr tun?»

Doch! Schenken Sie ihnen jederzeit ein offenes Ohr und geben Sie ihnen bei jeder sich bietenden Gelegenheit viel Ermutigung.

Unsere Enkel sollen uns als reife, mit dem Leben versöhnte Menschen erleben, die für die Anliegen der jungen Generation offen sind. Ob sie unsere Einstellung zum Leben und unsere Glaubensüberzeugungen teilen, allenfalls wohlwollend hinnehmen oder aber anfechten, wollen wir ihnen überlassen. Hauptsache, sie spüren unsere Zuneigung, auch wenn wir sie nicht in allem verstehen.

Die Paartherapeutin Ago Bürki äußerte sich in einem Gespräch zu diesem Thema. Ich zitiere aus dem Gedächtnis: «Im Umgang mit unseren Enkelkindern erfahren wir drei Realitäten. Zu einem Drittel fällt es uns nicht schwer, ihnen Verständnis entgegenzubringen, waren wir doch alle einmal Kinder und später engagierte, oft auch überforderte Eltern. Zu einem zweiten Drittel ist es uns möglich, ihr Denken und Verhalten in einer sich rasch verändernden Gesellschaft wenigstens ansatzweise verstehen zu lernen. Zu einem letzten Drittel fehlt uns das Verständnis für ihre Eigenart, ihr Denken, Empfinden und ihre Lebensgestaltung völlig. Wir können dies nicht ändern, sondern müssen die Tatsache einfach akzeptieren. So ersparen wir ihnen und uns viel Verdruss, bleiben glaubwürdig und verlässlich. Allerdings dürfen wir uns auch abgrenzen. Wir müssen nicht um alles in der Welt ‹up to date› und attraktiv sein, denn wir leben in den Grenzen unserer Generation.»

Für viele Großeltern ist die Beziehung zu ihren Enkelkindern Lebenserfüllung. Sie geben sich ganz hinein. Aber mit der Zeit lassen es ihre Kräfte nicht mehr zu. Auch wenn die Begegnungsmöglichkeiten abnehmen, wird die Verbundenheit bestehen bleiben, weil zwischen den Generationen etwas Kostbares gewachsen ist.

Wie das aussehen kann, erlebte ich kürzlich bei der Beerdigung eines langjährigen Mitarbeiters, der viele Jahre in einem unserer Gästehäuser als Landwirt gearbeitet hatte. Einer seiner Enkel schrieb ihm kurz vor seinem Tod folgenden Brief ins Krankenhaus:

Lieber Großvater!

Ich, der Älteste meiner Generation, möchte dir von ganzem Herzen danken für all die wunderbaren, unersetzbaren Momente, die ich mit dir verbringen durfte. Salami und Brot in den Bambuswäldern, Motorradausflug zu einem Fluss, Steine schleifen in deiner Werkstatt, heimlich deine Schrotflinte begutachten, Kühe melken, und vor allem auch, was mein Herz jedes Mal höher schlagen ließ, deine neuen Kreationen an fahrbaren Untersätzen ausprobieren und bergauf und bergab fahren mit anderen Kindern. Auf deinem Schoß den Traktor steuern, ins Baumhaus im Wald klettern und imaginäre Wildschweine jagen. All diese Momente verbinde ich mit dir. Es ist ein Teil meines Lebens; ein Teil, der mich leben ließ; ein Teil, der mich lehrte; ein Teil, den ich für nichts in dieser Welt hergeben möchte.

Ich habe immer zu dir aufgeschaut. Du besitzt den größten Schatz dieser Welt, die Weisheit und Liebe, welche dir Gott neben vielen anderen Begabungen und Geschenken gegeben hat.

Lieber Großvater, die richtigen Worte zu finden ist manchmal gar nicht so einfach, aber ich denke, Gott wird mit diesen Worten, die er mir gibt, dir das weiterleiten, was in meinem Herzen ist.

Lieber Großvater, ich weiß nicht, ob das meine letzten Worte an dich sind, und es fällt mir schwer auszudrücken, was ich empfinde. Vielleicht wirst du uns verlassen, ohne Abschied zu nehmen. Ich möchte dir diese Worte geben und sagen, denn man weiß nie, wann es zu spät dafür ist. Lieber Großvater, ich respektiere dich, ich sehe auf zu dir als der, der du bist. Ich werde traurig sein, wenn du uns hier verlässt, aber ich werde mich auch freuen, dass du endlich aus einem vergänglichen Körper erlöst werden darfst, um die Liebe im Himmel zu leben und Gott nahe zu sein.

Das hört sich ja an, als seist du schon gestorben, bitte verzeih mir das, aber ich muss loswerden, was mir auf dem Herzen liegt. Ich möchte meinem Herzen freien Lauf lassen, einfach loslassen, mich nicht verstecken vor Angst, Stolz und menschlichen Regeln.

Ich danke dir – und ich bin mir sicher, für alle Menschen zu sprechen, die dich kennen – für alles, was du bist!

In Liebe
Tobias Daniel

Altsein ist aber nicht durchwegs «ein köstlich Ding», auch wenn wir gelernt haben, «was anfangen heißt». Wir können ja die Prozesse, denen wir körperlich und geistig ausgesetzt sind, nur bedingt beeinflussen und wissen nicht, was uns im Alter alles erwartet. Auch der Schmerz, von gleichaltrigen Angehörigen und Freunden Abschied nehmen zu müssen, wird uns nicht erspart.

Wir verstehen Teresa von Ávila (1515–1582), wenn sie Gott im Blick auf ihren letzten Lebensabschnitt bittet: «Herr, du weißt, dass ich von Tag zu Tag älter werde – und eines Tages alt. Bewahre mich vor dem Drang, bei jeder Gelegenheit etwas zu sagen. Erlöse mich von der großen Leidenschaft, die Angelegenheiten anderer ordnen zu wollen. Lehre mich, nachdenklich und hilfreich, aber nicht beherrschend zu sein. Lehre mich die wundervolle Weisheit, dass ich mich irren kann. Erhalte mich so liebenswert wie möglich.»

Von Birnen, braunen Flecken und anderen Überraschungen

Sooo köstlich finde ich den Prozess des Älterwerdens nicht. Ja, er hat seine schönen Seiten, aber …

Ab einem gewissen Alter begannen meine Hormone verrückt zu spielen. Wenn ich heute in den Spiegel schaue, was erblicke ich? Eine Birne. Wo ist die Taille hingekommen? Die Haut verliert zusehends an Elastizität. Auch meine Kräfte lassen nach, was längere Erholungszeiten nötig macht. Die weißen Haare sind schwer zu bändigen. Es melden sich da und dort Schmerzen, und mein Gedächtnis lässt zu wünschen übrig. Oft vergesse ich Namen von mir bekannten Menschen. Oder ich gehe ins Nebenzimmer, um etwas zu holen. Dort angekommen, weiß ich nicht mehr, was ich eigentlich suchen wollte.

Die Ereignisse aus meiner Vergangenheit wirken in meinem Leben immer noch nach. Ich bin sehr schnell erschöpft und habe dann manchmal mit Depressionen zu kämpfen. Nach jahrelangem innerem Widerstand musste ich mir eingestehen, dass ich regelmäßig Medikamente brauche. Leider wartete ich viel zu lange. Ich hätte früher auf meinen Arzt hören sollen. Nun bin ich dankbar dafür. Sie ermöglichen mir, ausgeglichener zu sein und mit Freude in meinem Alltag zu stehen.

Kürzlich fragte mich meine dreijährige Enkelin: «Grandma, warum schmierst du Sonnencreme auf die Hände?»

«Siehst du diese braunen Flecken an meinen Händen? Ich versuche, sie mit Sonnencreme zu verhindern», erklärte ich ihr.

«Schau, ich habe auch braune Flecken», gab sie mir zur Antwort und zeigte mir an ihren Händen zwei kleine Wunden, die am Verheilen waren. «Ich glaube, ich brauche auch Sonnencreme.»

Diese Anekdote beschreibt die beiden Seiten des Alters: Die Veränderungen im Körper stehen den Freuden gegenüber, die ich durch die Beziehung zu Kindern und Jugendlichen empfange. Obwohl ich nach einem gemeinsamen Tag mit den Enkeln erschöpft bin, genieße ich es, an ihrer Welt teilzuhaben und mit ihnen zu spielen. Es ist so anders als das Muttersein. Ich darf sie auf eine gute Art prägen, ohne die letzte Verantwortung tragen zu müssen.

Oft frage ich mich, wie ich es kräftemäßig schaffte, meine Töchter zu erziehen. Nun können Heinz und ich mit den älteren Enkelkindern wertvolle Gespräche führen. Es ist faszinierend zu hören, was sie beschäftigt und was sie erleben.

Das Altwerden hat aus meiner Sicht noch weitere Vorteile. Die vielen Schwierigkeiten in meinem Leben ließen mich reifer werden. Jetzt weiß ich, was ich glaube und was mir wichtig ist. Es ist mir ein Anliegen, dass diese Festigkeit im Alter nicht in Sturheit ausartet! Die ständige Suche nach meinem Platz im Leben kam zur Ruhe. Ich lernte, dass ich keinem Menschen beweisen muss, jemand zu sein.

Obwohl es mir selbstverständlich ist, im Älterwerden mein Äußeres zu pflegen, hat dies im Gegensatz zu früher an Wichtigkeit verloren. Ich kann mich besser akzeptieren, wie ich bin. Das bedeutet, dass ich mich weniger von modischen Farben und Kleidern, die mir nicht stehen, beeinflussen lasse.

Mein Leben ist erfüllt. Ich stehe bald vor meiner Pensionierung und befasse mich damit, was ich anschließend tun und was ich weglassen will. Dabei profitiere ich von den gemeinsamen Erfahrungen, die wir während des Ruhestands meines Mannes bereits machten. Ich werde Zeit haben, um mir einige Träume zu verwirklichen, zum Beispiel meine Griechischkenntnisse aufzufrischen. Meine Prioritäten liegen in meiner Familie, im Gespräch mit Menschen und im Gebet. Ich freue mich zwar nicht über meinen schwächer werdenden Körper. Über das Reifwerden dagegen sehr.

14
Auch Sterben muss gelernt sein

Sterben lernen? Ich möchte noch gar nicht sterben. Denn ich lebe zu gern! Gott sei Dank musste ich noch nie persönlich erfahren, was es heißt, *nicht* leben zu wollen. Eigentlich habe ich keine Angst vor dem Tod, weil es mich freut, Jesus einmal persönlich zu begegnen. Was mir Mühe macht, ist der Gedanke an die Möglichkeit einer langen Leidenszeit. Ich möchte meiner Familie nicht zur Last fallen.

Wahrscheinlich denken die meisten von uns über solche Fragen nach. Wer will schon dement oder bettlägerig werden? Wer nimmt freiwillig einen Stock oder einen Rollator, weil er nicht mehr ohne diese Hilfe gehen kann?

Aber auch ich muss mich mit dem Tod befassen. Wichtig ist es mir, dass wir einiges besprechen, solange es uns noch gut geht. Wie steht es mit einer Patientenverfügung, einer Adressliste, einem Lebenslauf oder möglichen Wünschen für die Abdankung? Als Patchwork-Familie war uns ein Testament, das Erbsachen und die Vollmachtsfragen auf der Bank regelt, besonders wichtig. Wir haben es zu oft erlebt, dass Unerledigtes für eine Familie zur Belastung wurde.

Es ist für mich eine Beruhigung, dass wir in einer Alterswohnung leben, aus der wir, falls nötig, ins Pflegeheim umziehen könnten. Meine Beziehung zu Gott gibt mir Hoffnung und bereitet mich vor, später mit ihm den Sterbensweg zu gehen. Bis zum heutigen Tag erlebte ich immer wieder, dass mein Name Ann «Gnade» bedeutet. Ich möchte Gott vertrauen bis ans Ende meines Lebens.

Ich treffe sie zufällig im Park unseres Alterszentrums. Ihr Gang ist unsicher geworden. Seit einiger Zeit macht sie ihren täglichen Rundgang mit Hilfe eines Rollators. Die fast Neunzigjährige ist aber noch immer eine stattliche Erscheinung. Vor Jahren hat sie mit viel Energie und Kreativität eines unserer Gästehäuser geführt. Wir bleiben für ein kurzes Gespräch stehen. Ich erkundige mich nach ihrem Ergehen.

«Weißt du», meint sie, «ich hätte nie gedacht, dass Sterben so schwer ist.» Was sie mir sagt, ist kein Ausdruck der Angst vor dem Sterben. Ich spüre auch keinen Unterton von Selbstmitleid. Sie hat zwar schwere Zeiten hinter sich. In ihrem Ruhestand betreute sie über Jahre ihren an Alzheimer leidenden Mann. Kurz nach seinem Tod musste sie erleben, dass ihre Tochter die gleiche Krankheit hatte und nach langem Leiden starb. Nun steht sie im letzten Abschnitt ihres Lebens.

Es fällt ihr nicht leicht, die anstehenden Lektionen zu lernen: Das Alltägliche und Gewohnte nicht mehr im Griff zu haben. Die rapide schwindenden Kräfte und die zunehmende Hilflosigkeit zu akzeptieren. Die Tatsache auszuhalten, dass der Aktionsradius immer kleiner wird. Doch sie resigniert nicht. Fast täglich stickt sie Bildchen und kleine Spruchbänder für Geburtstagskarten, die sie an ihre Mitbewohnerinnen verteilt. Ihre Gedichte, die sie für Feste der Altersheimgemeinschaft verfasst, sind originell und humorvoll. So setzt sie alle Ressourcen ein, die ihr noch verblieben sind. Mit offenen Augen steht sie in ihrem Alltag. Sie blendet die Realität nicht aus. Deshalb kann sie sagen: «Ich hätte nie gedacht, dass Sterben so schwer ist.»

Eine ähnliche Gelassenheit kam mir von einem langjährigen Mitarbeiter entgegen, der über Jahrzehnte als Schreiner in einem unserer Schulheime arbeitete. Noch im hohen Alter flickte er in seiner kleinen Bude im Untergeschoss des Altersheims Gegenstände des täglichen Gebrauchs.

Eines Morgens steht er in meinem Büro. Aus einer großen

Kunstmappe nimmt er einen Stapel Bilder und legt sie auf mein Pult. «Ich habe letzte Woche von meinem Arzt erfahren, dass ich an einer fortgeschrittenen Leberzirrhose leide und nur noch kurze Zeit zu leben habe. Nun möchte ich das, was mir in meinem Leben etwas bedeutete, an Menschen weitergeben, die mir nahe stehen. Wenn du willst, kannst du dir ein Bild aussuchen.»

Wenige Wochen nach dieser Begegnung wurde er pflegebedürftig und starb bald darauf im Frieden mit Gott und seinen Mitmenschen.

Kann man denn Sterben überhaupt lernen? Es gibt Menschen, die sich dieser wichtigen Aufgabe gar nicht stellen. Sie blenden die Frage nach dem Tod so lange aus, bis ihnen eines Tages ihre schwindenden Kräfte nicht mehr erlauben, sich damit auseinanderzusetzen. Diese Frage stellt sich allerdings nicht erst gegen das Ende des Lebens, sondern schon mittendrin. Nämlich überall dort, wo es gilt, etwas loszulassen oder grundsätzlich zu verändern.

Jahrelang war ich mit meiner über neunzig Jahre alten Tante im Gespräch über die Gestaltung ihrer Zukunft. Sie schaffte es nicht mehr, ihr Haus zu bewirtschaften, in dem sie siebzig Jahre lang gewohnt hatte. Ob nicht ein Umzug in eine kleine Alterswohnung angebracht wäre? Sie wies diesen Vorschlag jedes Mal hartnäckig zurück.

«Ich weiß schon, was du denkst», sagte ich eines Tages zu ihr. «Du stellst dir vor: Ich werde mich einmal abends in mein Bett legen, einschlafen und am nächsten Morgen nicht mehr erwachen.»

«Genau so ist es», meinte sie mit schalkhaftem Lächeln. Schön wär's!

Wahrscheinlich hat sich meine Tante vorgestellt, der Tod werde bei ihr einmal unversehens wie ein vertrauter Freund vorbeikommen. Vielleicht hat sie früher gern Matthias Claudius gelesen. In seinem «Wandsbecker Bothen» beschäftigt sich dieser Dichter mit dem Tod. Er spricht von ihm wie von einem guten Bekannten und bezeichnet ihn als «Freund Hain», der uns Menschen, wenn es Zeit ist, liebevoll abholt. Mir ist diese Vorstellung zu niedlich, auch wenn ich die Schriften von Claudius sehr schätze. In der Praxis zeigt der Tod oft ein ganz anderes Gesicht. Paulus bestätigt dies sehr nüchtern: «Der letzte Feind ist der Tod, aber auch ihm wird schließlich ein Ende bereitet» (1. Korinther 15,26).

Wenn wir erleben, wie brutal eine schwere Krankheit in den Alltag eines Menschen einbrechen kann, wird uns bewusst, dass der Tod der Feind unseres Lebens ist. Dann spüren wir etwas von der Spannung und Widersprüchlichkeit, die über dem Sterben liegt. Die Antinomie kann nur von Gott selbst aufgehoben werden. Ein Wort von Matthias Claudius weist darauf hin: «Es ist nur Einer ewig und an allen Enden, und wir in seinen Händen.»

Wie das aussieht, zeigt sich meist erst im «Ernstfall». Etwas davon kommt uns in der Biographie Dietrich Bonhoeffers entgegen. Er hatte sich schon lange vor seiner Zeit im Gefängnis mit seinem Sterben auseinandergesetzt. Deshalb konnte er sich dann auch, als er wenige Tage vor dem Ende des Zweiten Weltkriegs zur Hinrichtung abgeführt wurde, von seinen mitgefangenen Kameraden mit folgenden Worten verabschieden: «Das ist das Ende – für mich der Beginn des Lebens.»[24]

Zehn Jahre später schrieb der Lagerarzt, der Bonhoeffers Hinrichtung miterlebt hatte: «Durch die halbgeöffnete Tür eines Zimmers im Barackenbau sah ich vor der Ablegung der Häftlingskleidung Pastor Bonhoeffer in innigem Gebet mit seinem Herrgott knien. Die hingebungsvolle und erhörungsgewisse Art des Gebetes dieses außerordentlich sympathischen Mannes hat mich auf das Tiefste erschüttert. Auch an der Richtstätte selbst verrichtete er noch ein kurzes Gebet und bestieg dann mutig und gefasst die Treppe zum Galgen. Der Tod erfolgte nach wenigen Sekunden. Ich habe in meiner fast 50-jährigen ärztlichen Tätigkeit kaum je einen Mann so gottergeben sterben sehen.»[25]

Die letzte Begegnung mit meinem väterlichen Freund Ernst Aebi, dem langjährigen Generalsekretär des Bibellesebundes, bleibt für mich unvergesslich. Ich war damals als junger Lehrer in einem ländlichen Dorf Präsident der Kirchgemeinde. Die Vorbereitungen für eine Evangelisation mit Ernst Aebi waren eben abgeschlossen, als er unerwartet absagen musste, weil seine schon länger dauernde schwere Krankheit erneut ausgebrochen war. Bei meinem letzten Besuch an seinem Krankenbett stand er kurz vor seinem Sterben.

«Weißt du», meinte er mit leiser Stimme, «es ist mir nun zu Mute wie jeweils vor unseren Ferien. Die Koffer sind gepackt. Wir sind gerüstet. Ich habe mit meiner Frau alles geordnet und besprochen: die Situation unserer Kinder, die äußeren Angelegenheiten der Zukunft meiner Familie, aber auch die Details der Abdankung. Nun kosten wir die Zeit aus, die uns bleibt, und freuen uns über jeden Tag, der uns noch geschenkt wird.» Als wir miteinander gebetet hatten, nahmen wir Abschied voneinander. Unter der Türe drehte ich mich noch einmal um. Ernst schaute mir mit offenem, heiterem Blick nach, wies mit ausgestrecktem Zeigefinger nach oben und rief mir nach: «Also dann, auf Wiedersehen!»

Und nun stehe ich selbst auf dem letzten Wegstück meines Lebens. Ich spüre die Spannung zwischen der Bereitschaft, ganz loszulassen, und der Freude, noch mitten im pulsierenden Leben zu stehen.

Ich möchte einmal in getroster Gelassenheit Abschied nehmen können wie mein väterlicher Freund. Wenn ich an ihn denke, steht mir eine Textstelle aus einem Lied von Philipp Spitta (1801–1859) vor Augen:

«Wird mein Auge dunkler, trüber,
dann erleuchte meinen Geist,
dass ich fröhlich zieh hinüber,
wie man nach der Heimat reist.»

Die andere Seite in mir kommt im «Abendlied» von Gottfried Keller (1819–1890) zum Ausdruck. Die letzte Strophe schließt mit den Worten:

> «Trinkt, o Augen, was die Wimper hält,
> von dem gold'nen Überfluss der Welt!»

P.S. Ich lebe gern!

Anmerkungen

[1] Matthias Claudius (1740–1815)
[2] Kurt Marti (geb. 1921)
[3] Gottfried Keller: *Frau Regel Amrain und ihr Jüngster,* Gute Schriften: Basel 1962, Seite 11.
[4] Bertold Ulsamer: *Ohne Wurzeln keine Flügel.* Goldmann: München 1999.
[5] Hans Bürki: «Der Mensch im Spannungsfeld psychischer und spiritueller Entwicklung», in: «Porta» (Zeitschrift der SMD), Heft 29/1981, Seite 11.
[6] Eva-Maria Zurhorst: *Liebe dich selbst und es ist egal, wen du heiratest,* Goldmann: München 2004, Seite 40.
[7] Eva-Maria Zurhorst, a.a.O. , Seite 63.
[8] Manfred Engeli: *Finale Eheseelsorge,* Scesaplana: Seewis 2000, Seite 14–15.
[9] Dietrich Bonhoeffer: *Gemeinsames Leben,* Kaiser: München 1987, Seite 23 und 25.
[10] Dietrich Bonhoeffer: *Ethik,* Kaiser: München 1949, Seite 149.
[11] Ago Bürki: «Bausteine» (Mitteilungsblatt der VBG), Nr. 8/2003.
[12] Ago Bürki im Gespräch über ihr Buch *Ich bin nicht mehr die Frau, die du geheiratet hast,* Kösel: München 1994.
[13] Das ist so etwas Ähnliches wie die BahnCard 100, ist jedoch auch in allen Postbussen und fast allen Städten gültig.
[14] Dietrich Bonhoeffer: Brief vom 19.3.1944 an seinen späteren Biographen Eberhard Bethge, in: *Widerstand und Ergebung. Briefe und Aufzeichnungen aus der Haft,* Gütersloher Verlagshaus: Gütersloh 2008[19], Seite 128.
[15] «σῴζω» (sōzō), in: *Theologisches Begriffslexikon zum Neuen Testament,* R. Brockhaus: Wuppertal 1977, Seite 264.
[16] Roland Brown: *Beten und Heilen,* Kühne: Wetzhausen 1969, Seite 41.

[17] Roland Brown: *Beten verändert,* Kühne: Kassel 1975, Seite 21.

[18] Blaise Pascal, 1660, in: *Gesangbuch der evangelisch-reformierten Kirchen der deutschsprachigen Schweiz,* Reinhard: Basel, Nr. 673, Seite 805.

[19] Dieser Briefwechsel mit mir selbst war ein Teil der Trauerarbeit nach dem Tod meiner ersten Frau Gertrud Heidi.

[20] Sheldon Vanauken/C.S. Lewis: *Eine harte Gnade,* Brunnen: Gießen 1989, Seite 268.

[21] Jörg Zink: *Ich werde gerne alt,* Kreuz: Stuttgart 2001.

[22] Martin Buber, Jüdischer Religionsphilosoph und Bibelübersetzer (1878–1965)

[23] Jörg Zink, a.a.O., Seite 4 und 6.

[24] Eberhard Bethge: *Dietrich Bonhoeffer,* Kaiser: München 1970, Seite 1037.

[25] Eberhard Bethge, a.a.O., Seite 1038.